자발적
복종
/

일러두기

1. 이 책의 원전은 《Discours de la servitude volontaire》(Flammarion, 1983)이다.
2. 본문의 각주는 모두 옮긴이가 썼다.

자발적 복종

Discours de la servitude volontaire

에티엔 드 라 보에시 지음
심영길 · 목수정 옮김

생각정원

차 례

/

역자 서문

/

복종할 것인가, 자유로울 것인가

한국사회에서 정의를 말한다는 것

\

대체 어디서부터 시작된 것일까?

자발적 복종의 이 거대한 뿌리는 말이다.

한 발자국 뗄 때마다, 나는 본다. 하나둘 자발적으로 고개 숙이고 있는 사람들. 잠시 뒤 돌아보면, 그들은 이제 무릎을 굽히고 있다. 더 이상 굽힌 무릎의 치욕을 견디지 못하고, 그들은 일어설 거라 믿으며 뒤돌아보지만,

예상은 매번 빗나간다. 그들은 이제 아예 바닥에 누워버렸다. 그들은 인간으로서의 존엄 따위는 이미 오래전에 포기했음을, 선명하게 보여준다. 자신들이 얼마나 충실한 노예인지를 입증하는 것만이 그나마 살아갈 방법이라고 믿는 것처럼. "먹고살아야 한다"는 그 말은 얼마나 자주 우리를 악마와의 거래로 인도했던가. 먹고살기 위해 영혼을 팔고, 나라를 팔고, 몸을 팔고, 자식을 판다. 존엄 그 까짓것, 개나 줘버린다.

간혹 고개를 치켜드는 사람이 있다. 그들에게 붙는 만국 공통어는 빨갱이. 노예가 되어 편안하게 주인이 던져주는 푼돈을 챙기고 종종 그의 발길질을 견디기로 한 사람들에게, 노예를 해방하겠다고, 당신들을 구하겠다고 나서는 그자는, 가장 위험한 적이다. 한 떼의 승냥이들이 그를 쫓는다. 갈기갈기 물어뜯는다. 노예가 되지도, 승냥이의 표적이 되지도 않고 살아남으려면, 저 멀리 산 너머로, 아무도 나를 알아보지 못하는 딴 세상으로 달아나야 한다.

찰랑찰랑, 저 시커먼 자발적 복종이라는 병균을 담은 물이 우리 발아래 출렁인다. 고개를 돌릴 때마다 위협적으로 차오른다. 대체 언제부터 이 검은 물은 우리의 발밑으로 밀려오기 시작한 것일까?

그 원죄는 우리가 한 번도 깨끗이 밀어내지 못한 유교적·봉건적 질서에서 찾을 수 있다. '인내천人乃天', 사람이 곧 하늘이고, '홍익인간弘益人間', 널리 인간을 이롭게 한다는 건국이념을 가졌던 이 나라. 그러나 쿠데타로 권력을 탈취한 이성계가 나라를 지배할 사상적 무기로 유교사상을 택한 후 무려 5백여 년간 충과 효가 결합되고 사농공상士農工商과 삼강오륜三綱五倫이 뒤범벅되어 빚어낸 옹골진 수직의 질서가 우리의 삶에 고착된다.

20세기에 이르러 마침내 붕괴되고 만 이 봉건의 질서를 대신한 것은 일제 35년. 이 치욕의 시절과 해방 이후 친일파들에게 다시 권력을 맡기게 된 역사의 오류는 기회주의가 가장 현명한 삶의 해법임을, 힘 있는 자 밑에 엎드려 마름 노릇을 하는 것이 가장 안전한 생존의 전략

임을 제대로 주입했다.

그리고 철저하게 일제의 충성스러운 개로 살았던 자가 18년간 이 땅에서 총칼로 휘둘렀던 독재 시절, 우리는 공포에 장악되었다. 자유 · 평등 · 정의 따위는 '개발'과 '반공'의 불도저로 밀어버렸고, 순응하지 않는 사람들은 의문의 죽음을 맞거나 먼 곳으로 유배당한다. 박정희 독재를 잇는 또 다른 군부의 독재는 피와 땀을 거리에 뿌린 시민의 힘으로 극복되었으나, 이번에는 자본의 독재가 우리를 삼켜버렸다.

20세기 말 한국사회를 점령한 외환위기는 한국인들을 더 내려갈 곳이 없을 것만큼 완벽하게 바닥에 주저앉혔다. 상점을 지키는 젊은 처자들의 목소리가 공장에서 태엽이 감겨 나온 장난감들의 음성을 똑같이 내고 있는 것을 목격했을 때, 정신적인 노예화가 우리의 육체까지 변형시켜버렸음을 알 수 있었다.

대한민국의 법질서를 가장 심각하게 교란시킨 기업, 삼성. 그러나 언론은 하루가 멀다 하고 삼성가의 딸들이 입고 나온 옷과 삼성가의 3세들이 다니는 유치원, 그들이 저지른 사소한 에피소드들을 마치 영국 왕실의 얘기를 시시콜콜 전해주는 영국의 언론처럼 우리에게 전해주면서 이 땅에 새로운 왕실 가문이 탄생했음을 알렸다. 잠재적인 '고객님'이 되는 한, 잠시나마 천민자본주의가 제공하는 진상을 부릴 기회가 누구에게나 주어지자, 대한민국은 비공식 OECD 진상 최다 보유국으로 등극한다.

각종 인터넷 커뮤니티에는 언제나 우리 시대의 곳곳에서 눈부시게 활약 중인 다양한 진상들의 무용담이 화제의 중심에 선다. 영원한 을乙의 자리에 설 수밖에 없는 사람들은 자본가들의 갑甲질을 성토하지만 이것은 어디까지나 익명의 네티즌으로서의 성토일 뿐, 막상 현실에서는 을이라도 되는 상황을 감지덕지 끌어안는다. 갑질을 당할 수 있는 을의 입장에 있다는 건 적어도 여전히 링크 안에 함께 서 있음을 의미하므로. 아예 그 링크에서 낙오되는 일이 있을까 경계한다.

이런 현상은 투표에도 그대로 반영된다. 가진 게 없는

사람일수록 자신의 이해를 대변해줄 사람에겐 시선을 돌리지 않는다. 그자에게선 내가 떠나온 비참한 출신 성분의 향기가 풍긴다. 중요한 건 누가 가장 힘이 센가, 이다. 비밀투표일지언정, 내가 강자의 편이라고 느껴야 안심이 된다.

천민자본주의의 최첨단 국가로 브레이크 없는 질주가 가속화되던 끝에, 자수성가한 부자라는 매력을 높이 평가받으며 이명박이 새 지도자로 당선되었고, 그가 자신의 재주를 오로지 자신의 배를 불리는 데 쓰고 권좌를 유유히 내려가는 것을 지켜봤다. 그리곤 유신維新의 딸이 다시 청와대로 들어간다. 박근혜의 청와대 입성은 한국인의 머릿속에 '정의는 없다'라고 명확히 각인시키는 사건이었다.

결국 정의는 실현되지 않았음이 만방에 선포되자 앞다투어 유신을 추억하고 반공을 맹세하는 노예 집단들이 간판을 달기 시작했다. 동네 어귀에는 '새마을' 깃발이 다시 나부끼고, 강자의 가장 변태스러운 '꼬붕'이 되어 혐오 그룹의 선봉에 서고자 하는 일베는 이제 백일하에 얼굴을 드러내놓고 새누리당과 국정원의 똘마니 노릇을 하고 있다. 극우단체들은 어버이연합 · 박사모 · 엄마부대로 종횡무진 새끼를 치며 늘어나다 못해, 빨갱이를 때려잡는 깡패집단을 자처하며 1946년에 생겨났던 서북청년단마저 부활했다. 그리하여 우리는 70년을 거슬러 올라왔다.

2014년 4월 16일, 전 국민이 지켜보는 가운데 수많은 아이들을 포함한 3백여 명이 거대한 배와 함께 서서히 수장되는 사건이 일어났을 때, 우린 비로소 후퇴해온 모든 세월을 한꺼번에 보상받고, 시대를 배반하고 국민을 유린한 자들을 심판해야 할 시간이 왔다고 느꼈다. 함께 분노했고, 함께 절규했다. 아이들을 속수무책으로 떠나보낸 부모들은 회유와 협박 앞에서 굳건했다. 단호하게 오직 진실을 알 것을 권력에게 요구했던 그들은 아직 고개를 똑바로 들고 두 발로 선 사람들의 중심이 되어, 거짓으로 뒤덮인 양아치 권력집단에 맞섰다.

그러자 그들 앞을 겹겹이 가로막고 나선 건 자발적으로 복종한 자들이었다. "너희가 노예임을 잊었냐. 당신들이 뭔데 진실을 원한단 말이냐. 감히 어디서 정의를 말하냐……"고. 그들은 유족들을 꾸짖으며 상상을 초월한 행패를 자행한다. 이후 언론은 정해진 수순처럼 유족들의 얼굴을 붉은색으로 물들였다. 발목에 찰랑이던 검은 물은 이제 무릎을 넘어 배꼽까지 차올랐다.

이제 한국사회에선 더 이상 정의를 말하는 일이 무의미해져버린 것일까.

지난해 12월, 대한항공의 '땅콩회항' 사건에서 가장 놀라웠던 사실은, 동료를 대신해 오너의 딸의 행패에 원칙대로 대응한 사무장을 지지하기 위한 대한항공 동료들의 그 어떤 집단행동도 없었다는 것이다. 오너 일가가 행해온 그간의 만행을 일거에 바로잡을 수 있는 절호의 기회였다. 그러나 대한항공 직원들은 깊이 침묵하며 묵묵히 자신의 자리를 지켰다. 발길에 차이고 짓밟혀도 더 굳건한 충성을 바칠 뿐이라면, 계속 밟히는 것은 당연한 일이다. 그들의 오늘의 위상을 만든 것은 바로 복종해온 그들 자신이었다.

이 사건을 화제에 올렸던 모든 대화에서 프랑스 사람들이 놀라워했던 대목은, 대한항공 직원들은 왜 지금까지 그런 행동을 받아들였는가였고, 홀로 회사와 맞서게 된 사무장을 지지하기 위한 파업이 없다는 지점에서 그들은 바로 그 해답을 찾았다. 한국판 재벌 자본주의가 빚어낸 이 슬픈 우화에 등장하는 인물 중 단 한 사람, 박창진 사무장만이 인간의 존엄을 지탱하며 서 있었다.

"내가 이 싸움에 나서는 건……, 나의 존엄을 내가 지키기 위해서다."

모두들 더 깊숙이 고개를 처박으며 복종을 다짐하는 세상에서, 홀로 일어서서 나의 존엄을 스스로 지키겠노라고 말하는 그 한 사람을 보며 나는 희열에 찬 만세를 불렀다. 정의의 불빛이 다 꺼졌고, 이제 자발적 복종의 검은 물이 우리의 목까지 차올랐다고 믿었지만, 아직도 복종하지 않고 존엄을 지키며 자유를 획득하는 행동의 의미를 말하는 자가 숨 쉬고 있다. 아니, 둘러보면 우리 주위에 여전히 많이 숨 쉬고 있다. 박창진 사무장이 이렇게 선언하고 그 검은 물에서 빠져나간 순간, 목까지 차올랐던 자발적 복종의 검은 물은 어느새 가슴팍까지 내려왔다.

자유인이 되는 것, 노예의 삶을 벗어나는 것은 의외로 쉽다. 나의 존엄을 내 손으로 지키기만 하면, 내 모든 권리와 자유를 압류했다고 착각하는 권력자에게 굴종하지 않으면 된다. 내가 고객이라는 이유로 진상을 부리지 않고, 소비로 점철되는 삶을 거부하는 것. 바로 그 순간 우리는 자유의 날개를 얻고, 목까지 차오른 자발적 복종의 냄새나는 썩은 물에서 탈출할 수 있다. 날 때부터 자유롭고 평등하게 태어난 인간이지만, 그 사실을 망각하지 않고 스스로 지켜낼 때에만 우리는 인간에게 부여된 가장 고귀한 사치를 비로소 누릴 수 있다.

16세기에 태어난, 18세의 청년 에티엔 드 라 보에시 Étienne de La Boétie(1530~1563)가 들려주는 이 격정적인 언설은, 거친 바람을 가르며 달리는 자유를 거부하고, 복종의 달콤한 고통에 익숙해진 사람들을 지난 5백 년간 흔들어 깨웠다. 이제 우리가 그의 매서운 언설과 만날 차례다.

18세 청년, 불복종의 신기원을 열다

\

라 보에시의 《자발적 복종》이 처음 세상에 나온 것은 1548년이었다. 18세 청년의 손에서 나온 이 짧은 글이 오늘까지 생생하게 살아남아, 현대사회의 모순을 해석하는 데 핵심적인 영감을 주는 언설로 남아 있다는 사실. 그것은 불행하게도 인류가 여전히 자발적 복종의 자세에서 자신들을 지배해줄 독재자를 기다리는 일을 되풀이해왔음을 증명한다. 굴종의 독배를 기꺼이 들이켜며, 지배자가 너무 멀리 가면 새로운 지배자를 맞이해왔던 사람들.

그러나 어리석음이 반복될 때 누군가는 멀리로 시선

을 돌리며 우리가 잊고 지내왔으나 돌아가야 할 그곳을 찾는다. 라 보에시의 언설은 바로 그런 자들의 머리 위에 폭포수처럼 쏟아지며 잠들어 있던 오성悟性을 흔들어 깨우곤 했다.

라 보에시가 이 '붉은 책'을 쓸 무렵1548, 프랑스의 귀엔Guyenne 지역에서 일어난 폭동에 대한 잔혹한 진압이 있었다. 전제군주가 벌인 이 폭력적 진압의 참상을 보며, 이제 막 오를레앙대학교에 들어간 법학도 라 보에시는 절대군주가 행사하는 절대권력의 정당성에 의문을 품게 된다. 바로 이 사건이 라 보에시에게 책을 쓰게 한 직접적인 동기를 제공한 것으로 보인다.

르네상스 시대의 많은 지식인이 그러했듯, 라 보에시는 고대 그리스·로마 시대의 역사에 매혹되어 있었고, 훗날 고대 그리스 시대의 저서들을 프랑스어로 옮겨 출간할 만큼 열정적인 고대 그리스 문화의 찬미자였다. 르네상스라는 시대의 이름 자체가 그리스 문화의 재탄생Renaissance을 의미하는 만큼, 라 보에시의 이 책도 그 이상적인 시대에 대한 열렬한 고찰의 산물이기도 하다. 라 보에시는 공화성이 시도되고 민주주의가 실험되던 그 시대, 권위적인 유일신이 아니라 인간과 함께 호흡하고 장난치며 티격태격 다투던 신들이 인간과 함께 살아가던 시대의 정신을 탐닉하던 당대 지식인의 전형이었다.

《자발적 복종》이 책으로 출간되기까지는 라 보에시가 죽고 나서도 11년을 더 기다려야 했다[1574]. 그의 절친이자, 라 보에시가 유언으로 자신의 모든 원고를 맡긴 몽테뉴 Michel Eyquem de Montaigne(1533~1592)는 이 위험한 원고를 책으로 출간하지 않은 채 간직했다.

그러나 낭중지추囊中之錐라고 했던가. 이 탁월한 사고는 결국 세상에 자신의 모습을 드러내고야 만다. 모나르코마크*라 불리던 절대왕정의 저항세력이 라 보에시의 글을 책으로 엮어냈고, 책은 순식간에 프랑스 전역으로 퍼

* **모나르코마크Monarchomaques** : 절대왕정의 반대세력으로, 16세기 후반에 등장해 왕성하게 활동했다. 16세기 내내 행해진 신교도에 대한 탄압과 학살에 대한 반향으로 신교도들 사이에서 주로 그 세력이 형성되었다.

져 나갔다. 16세기 중반, 이제 막 법학을 공부하기 시작한 18세 청년이 이 책을 통해 펼쳐 보이는 사고는 단연 독보적이었다. 그의 신랄하고도 격렬한 문체는 읽는 이에게 충격을 전하는 동시에, 명징한 자각을 일깨우며 강렬한 행동을 점화시켰다.

이후 한동안 잊혔던 《자발적 복종》이 책이 세상에 다시 등장한 시기는 프랑스혁명을 즈음해서다. 혁명의 한 주역으로 활약했던 장 폴 마라*는 자신의 저서 《노예의 사슬*Les chaînes de l'esclavage*》1774에서 《자발적 복종》에 수록된 라 보에시의 주장을 언급하면서, 스스로가 움켜쥐고 있던 노예의 사슬들을 끊어내자고 부르짖으며 다가올 혁명을 위한 불을 지폈다.

같은 시기, 혁명가로 대활약했던 피에르 베르니오** 역

* **장 폴 마라**Jean Paul Marat : 1743~1793년. 의사 · 물리학자 · 언론인인 동시에 프랑스 혁명의 주요 정치혁명가로 활약했다. 〈민중의 친구*L'Ami du peuple*〉(1789~1792)를 1천 회 가까이 발간하면서 민중 사이에 혁명사상을 불어넣는 데 큰 역할을 했다. 샤를로트 코르데이라는 귀족 출신의 처녀에 의해 암살당한다.

** **피에르 빅투르니앙 베르니오**Pierre Victurnien Vergniaud : 1753~1793년. 변호사 · 정

시 라 보에시의 사상을 자신의 방식으로 표현한 "독재자가 커 보이는 것은 우리가 그의 무릎 아래 있기 때문이다. 우리가 일어선다면, 그는 더 이상 우리 위에 있지 않을 것"이라는 역사적인 문장의 연설1792로 혁명을 완수하기 위한 민중의 의지에 불을 지폈다. 20세기에 와서도 시몬 베유Simone Weil, 빌헬름 라이히*, 피에르 클라스트르Pierre Clastres, 미셸 푸코Michel Foucault, 질 들뢰즈Gilles Deleuze 등의 학자들이 정치철학의 핵심적인 수수께끼인 '자발적으로 복종하는 대중'의 문제를 줄기차게 다뤄왔으며, 이 후세의 학자들에게 라 보에시는 그 첫 영감을 제공했다.

치인이자 프랑스혁명 당시 큰 활약을 했던 혁명가로, 국민의회에서 여러 번 의장을 지냈다. 로베스피에르 · 당통 · 마라 등과 더불어 프랑스 혁명기를 대표하는 웅변가로 꼽히기도 한다.

* **빌헬름 라이히Wilhelm Reich** : 1897~1957년. 오스트리아 출신의 정신분석가. 프로이트의 제자였고 동시에 열렬한 공산당원이었다. 마르크시즘과 프로이트의 정신분석학을 결합하려는 대범한 시도로 양쪽 진영 모두로부터 배척당했다. 베를린 · 노르웨이 · 미국으로 망명생활을 계속하면서도 자신의 성性정치에 대한 신념을 굽히지 않고 연구와 진료를 지속하다가 결국 감옥에서 생을 마감한다. 주요 저서로 《오르가슴의 기능》, 《파시즘의 대중심리》, 《성혁명》, 《문화적 투쟁에서의 성》이 있다.

라 보에시의 글을 읽고 격정적인 감격에 젖은 시몬 베유는 자신이 맞부딪힌 그 이해 불가한 괴물 '자발적 복종'을 이렇게 설명한다.

> 극소수를 향한 절대다수의 복종, 이것은 거의 모든 사회적 구조의 핵심을 이룬다. (……) 절대다수의 민중은 겉모습만 다수의 형태를 띨 뿐, 그들은 하나하나의 개인이 모여서 이뤄진 전체일 뿐이다. 그러나 권력은 소수일지언정 조직을 구축하고 있다. 이 다수의 억압받던 자들이 압제를 벗고자 조직화될 때, 법은 싸움에서 이긴 자의 편에 선다. 그러나 역동적인 반란의 시기*, 조직에 복속되지 않은 집단의 거대한 도약이라는 기적이 만들어지기도 한다.

* 출처: 'Réflexions sur les causes de la liberté et de l'oppression sociale', 1934, 잡지 〈La révolution prolétarienne〉에 기고한 글

정치인류학자이며, 전체주의에 저항하는 자신의 사고를 인류학을 통해 입증하려 했던 피에르 클라스트르는 더욱 집요하게 '자발적 복종'이라는 인간의 왜곡된 욕망을 추궁한다.

"복종에 대한 욕망은 선천적인 것인가, 아니면 후천적으로 획득되는 것인가?"

클라스트르에 따르면, 원시 공동사회에서 인간은 지배계급과 피지배계급으로 나뉘지 않았으며, 그들에게는 복종이라는 개념이 존재하지 않았다. 그러나 인류가 출몰했던 그 어떤 시기에건, 인간에게는 복종에 대한 욕망이 존재한다. 그 욕망이 실현되도록 방치하는 것은 인류 역사에서 재앙의 시작이며 비극적 사건이라고 그는 정의한다. 서로가 서로를 비참하게 파괴하고, 사회가 건강하게 작동할 수 있도록 하는 자유와 평등을 파괴하는 복종을 향한 욕망이 실현되지 않도록, 이 욕망을 방해하는 끊임없는 노력이 이뤄져야 한다고 그는 주장했다.

빌헬름 라이히는 억압을 욕망하는 대중의 문제를 주목

하고 관찰했을 뿐 아니라, 전체주의 시스템을 불러들이고야 마는 민중의 뒤틀린 욕망을 해결해낼 실질적인 해법을 찾아 나서기에 이른다. 그는 성적性的으로 억압된 사람들이 자신들을 더 완고한 복종의 틀 속에 가둬줄 독재자를 부른다고 보고, 오르가슴 능력을 통한 인간의 해방을 모색했다.

라이히는 오르가슴을 "아무런 장애 없이 생체 에너지의 흐름에 자신을 내맡길 줄 아는 능력"이라 정의하며, 오르가슴 능력의 상실이 인간의 온갖 비합리적 행동을 유발하는 원인이라고 파악했다. 분석하고 문제를 제기하는 데서 머무는 대부분의 지식인들과 달리, 구체적인 방법을 찾고 제안하며 실험했던 라이히는 바로 자신의 그 대범한 시도와 그 시도가 내포하는 위험 때문에 시대로부터 싸늘하게 외면당했다.

질 들뢰즈에게도 자발적 복종은 자본주의가 장착해놓은 핵심적인 장애물로 포착된다. 들뢰즈는 묻는다.

"왜 민중은 자신의 노예 된 삶을 숭배하는가? 어찌하

여 인간은 그것이 자유라도 되는 양 굴종을 하기 위해 전력을 다하는가? 어찌하여 민중은 자유를 획득하는 것뿐 아니라, 단지 그것을 견뎌내는 것조차 힘들어하는가?"

자유를 애써 쟁취하려 하지 않을 뿐 아니라, 그것이 주어져도 참기 힘들어하는 민중은 끊임없이 독재와 파시즘의 출현을 허락한다. 바로 거기에 인류의 비극이 있다.

왜 우리는 복종하는가

\

불의한 세상은 계속 투항을 요구한다. 그러지 않으면 결코 우리에게 평화는 허락되지 않을 것처럼. 일찍이 (이문열의 소설《우리들의 일그러진 영웅》에 등장하는) '엄석대'의 스토리는 우리에게 그것을 가르쳐준 바 있다. 홀로 엄석대 마피아에 저항할 때는 사방에서 폭탄이 터지다가 엄석대의 수하로 들어가는 순간 만사가 평화로워지는 그 비루한 진실을. 혁명은 가능하지만 그에 따르는 대가는 만만치 않다. 적지 않은 수난과 시간이 소요되며 성공이 늘 보장되지도 않는다. 그리고 종속된 자가 누리는 이 콩알만 한 평화. 나름 견딜 만하다…….

라 보에시가 말하는 복종의 가장 큰 이유는 '습관'이다. 그리고 자유에 대한 '망각'이다. 자유를 누려보지 못한 채 이미 모든 선택이 차단되고 종속이 일상화된 상태를 받아들이는 부모의 밑에서 태어난 사람들은 자유를 알지 못한다. 누려보지 못한 것을 갈망할 수는 없는 노릇. 그 세대는 처음부터 종속을 자연스럽게 받아들인다. 많은 사람들은 복종이 강요된 것이라고 생각한다. 그러나 대부분의 복종은 자발적으로 이뤄진다.

《자발적 복종》이 제기하는 질문은 바로 이 정치 메커니즘의 핵심을 건드린다. 왜 우리는 복종하는가? 사람들은 절대권력의 존재가 그 자체로 존재한다고 생각하며, 우리의 복종은 어디서 기인하는지를 묻지 않는다. 그러나 라 보에시는 권력자가 손에 쥔 권력은 바로 우리 모두가 기꺼이 그에게 헌납한 것임을 폭로한다. 그리고 그 복종으로부터 벗어나는 방법은? 그것은 오로지 복종하지 않을 것, 그리고 인간 모두가 타고난 자유를 간절히 원하는 것으로 충분하다고 갈파한다.

물론 그의 말에 이론의 여지가 없진 않다. 만일 우리가 일제강점기에 태어났다면 내가 간절히 자유를 원하는 것만으로 식민이 되는 것을 피할 수는 없었을 테니. 그러나 근본적으로는 그의 말이 옳다. 우리가 진정으로 원한다면 굴종하며 살지 않을 방법은 언제든 있다. 그 시대에 친일을 한 사람이 있었다면 만주 벌판에서 독립운동을 하며 부끄럽지 않은 세월을 산 사람도 얼마든지 있었으니 말이다.

주위를 둘러보라. 권력에 굽실거리며 복종을 바치고 있는 자들, 누가 그들에게 복종을 하라고 총부리를 겨누었나. 그들의 복종은 온전히 자발적인 것이다. 옆구리에 《월간 박정희》라는 제목의 잡지를 보란 듯이 끼고 청와대 대변인의 임명장을 받으러 박근혜에게 갔던 윤창중의 행동, 그토록 현란한 복종의 이벤트를 누구도 그에게 강요하지 않았다. 이명박에게 정강이를 까였을지언정 문화방송MBC이라고 하는 공영방송 전체를 정권을 위한 노예로 전락시켜버린 김재철은 권력이 내려주는 콩고물을 주워 먹기 위해 기꺼이 굴종을 택했다.

명품에 대한 현대 한국사회의 숭배, 자본에 대한 눈물겨운 숭배 역시 물질의 노예들이 행하는 자발적 복종이다. 명품이란 자신의 기호를 연출해낼 안목을 갖추지 못한 사람들이 비싼 돈을 지불하고 자신을 위장하는 수단이다. 그것으로 우리는 모두와 비슷한 욕망을 가졌음을 입증한다. 남과 달라지면 불안해지는 사람들에게는 나 역시 명품이라는 소비 자본주의 시대의 상징에 충실한 노예가 되었다는 표시를 하는 게 중요한 의미를 지닌다. 그것을 소유하는 순간, 더 비싸고 더 새로운 디자인의 또 다른 명품 백을 갖지 못하는 고통에 지배당할지라도. 처음에는 강요에 의해 힘에 눌려 복종하지만, 그다음 세대들은 자유를 전혀 보지 못했고 그것이 무엇인지도 모르는 상태에서 어떤 후회도 유감도 없이 앞선 세대들이 강제로 해야 했던 굴종을 자발적으로 행한다.

자발적 복종이 작동하는 또 하나의 이유는 자유를 잃

은 사람들이 용기도 함께 잃어버리기 때문이다. 자유를 잃은 자는 존엄과 자존도 함께 상실한다. 당연히 그들은 고통스럽지 않게 비굴 모드를 취하게 된다. 자유의 박탈은 그들로부터 투쟁에 대한 열의도, 다부진 결기도 같이 훼손시킨다. 그들에게는 더 이상 상황을 바꾸고자 하는 뜨거운 갈망이 가슴속에서 끓어오르지 않는다. 그들은 자신의 자발적 욕망 따위를 갖는 법을 잊어버렸다. 생각도 욕망도 자신의 것이 아니다. 노예의 삶을 받아들이는 한 삶의 그 무엇도 절실할 수 없다. 삶은 그저 살아내야 하는 고통의 과정일 뿐이다. 인생의 계획자도 실행자도 아니다. 거대한 기계를 굴리기 위해 박혀 있는 나사 하나에 불과하다.

그러나 "자유가 완전히 사라져 세상에서 더 이상 찾아볼 수 없을 때에도 자유를 상상하고, 그들의 정신 속에서 자유를 느끼고, 자유의 맛을 음미하고 있어, 아무리 굴종을 잘 포장해서 들이대도 그것을 받아들이지 않는" 사람들이 있다고 라 보에시는 말한다.

밀양에서 송전탑이라는 신종 무기로 민중의 삶을 짓누르려는 시도에 맞서 오로지 인간이 갖는 생존권과 주거권의 이름으로 저항해온 우리의 '할매'들이 바로 그들이다. 경찰이라는 수직적 권력집단에서 홀로 진실을 말하며 암흑 속에 모두가 던져지는 것을 막아낸 여경 권은희가 바로 그 반듯한 오성을 지닌 사람이다. 사랑하는 아이들을 칠흑 같은 바닷속에서 잃고, 온갖 위협과 조롱이 그들을 몰아쳐도 흔들림 없이 진실을 요구하고, 불의와 협잡에 맞서는 세월호 희생자들의 유족 또한 우리에게 진리를 향한 용기를 나눠주는 이 시대의 양심들이다. 추위가 엄습하던 어느 겨울날, 70미터 높이의 굴뚝에 올라가 달과 별을 머리 위에 이고, 해고된 쌍용차 노동자들의 복직을 요구하는 노동자들. 그들은 복종이 결코 우리의 관습이 될 수 없음을 큰소리로 웅변해주는 우리 시대의 자유인들이다.

1999년 처음 파리에 와서 8구에 있는 친구의 다락방에

짐을 풀었을 때, 바로 옆 길이 라 보에시 가街였다. 지하철에서 내려 걷다가 라 보에시 가가 보이면 집에 거의 다 왔다는 사실을 알 수 있었던 이정표로 라 보에시는 처음 내 인생에 다가왔다. 1년 반 전, 이 책을 처음 만나고 번역하면서 라 보에시는 우리 시대의 불행과 그 불행에서 비로소 벗어날 수 있는 해답을 담고 있는 새로운 이정표로 내게 다가왔다.

모두가 더 이상 노예가 되길 거부하는 순간, 이 굴욕적인 세상은 사라진다. 스스로 복종한 자, 그들은 독재자와 공범이다. 아무도 복종하지 않는다면, 독재자는 결코 그 어떤 권력도 발휘할 수 없다. 그가 지닌 모든 권력은 바로 자발적 복종을 바친 자들이 건네준 것이기 때문이다. 복종을 멈춰라, 그 순간 당신은 자유인이다.

◆ ◆ ◆

이 책의 번역은 심영길 선생님과의 공동 작업으로 이루

어졌다.

짧은 분량이지만 467년 전의 프랑스어 텍스트를 오늘의 한국어로 옮기는 작업에는 적지 않은 내공이 필요했기에, 고전의 열정적인 탐독가인 심영길 선생님의 힘을 빌렸다. 지금 프랑스의 서점가에도 10여 종이 넘는 다양한 버전의 《자발적 복종》이 나와 있다. 이는 16세기의 고문이 현대어로 해석될 수 있는 다양한 여지를 대변하는 동시에, 이 의미심장한 텍스트를 정확히 해석하려는 시도가 그 누구에게도 간단하지 않은 도전임을 암시해준다. 매일 50쪽씩 책을 읽는 즐거움을 수개월간 멈추는 막대한 손해를 기꺼이 감수하시면서 공동 작업에 임해주신 심영길 선생님께 감사의 마음을 전한다.

목수정

자발적 복종

복종, 인간의 놀라운 악습

여러 명의 군주를 동시에 섬기는 일은 결코 바람직하지 않다. 오직 한 사람의 군주, 한 사람의 왕으로 족하다.

호메로스의 《일리아드》에서 율리시스는 이렇게 말했다. 단지 "여러 명의 군주를 동시에 섬기는 일은 결코 바람직하지 않다"라고 하는 것만으로 충분했으리라. 그러나 "다수의 지배는 좋을 수가 없다. 누군가 군주라고 하는 칭호를 얻기 시작하는 순간, 그는 거칠고 불합리하게

변하므로 그런 자가 여럿인 것은 좋을 수가 없기 때문"이라고 하는 대신, 그는 엉뚱하게도 정반대의 내용을 덧붙이고 만다.

"오직 한 사람의 군주, 한 사람의 왕으로 족하다."

우리는 율리시스가 이런 말을 했던 상황을 이해해줘야 할 듯하다. 분명 당시의 정황에서는 이 말이 필요했던 것이리라. 트로이의 성문 앞에서 입성할 수도 물러날 수도 없는 상황에서 율리시스는 동요하기 시작한 군사들의 항명 조짐을 진화하기 위해 이 말을 던졌다. 그의 발언은 진실한 의견이라기보다 당시에 가장 적절한 해결책으로 나온 말이었다.

솔직하게 내 진심을 말한다면, 한 사람의 군주에게 종속되는 것은 끔찍하고도 불행한 일이다. 그가 선인善人인지 알 수도 없을뿐더러 그가 원하기만 한다면 언제든 악인惡人으로 돌변할 수 있는 권력을 갖고 있기 때문이다. 많은 군주를 섬긴다는 것은 이러한 불행을 그 군주의 수만큼 늘리는 것을 의미한다.

지금까지 수차례 논의되어온 이 문제를 또 다시 거론하고 싶지 않다. 그보다는 공화정이 군주정보다 나은 정치체제인지에 대해 논하고자 한다. 또한 공화정과 비교할 때 군주제가 어떤 위치에 놓일 수 있는 정치체제인지도 따져보고자 한다.

사실 군주제가 다른 정치체제와 나란히 비교될 수 있는지조차 의문이다. 한 사람의 손아귀에 모든 권력이 쥐어진 군주제에 다른 정치체제들과의 공통점이 있다고 보기 어렵기 때문이다. 그러나 이 문제는 다른 시기에 논하도록 하겠다. 이는 따로 다뤄져야 하거나 정치 논쟁의 장에서 이야기되어야 할 부분이다.

지금 여기서는 하나의 문제에만 관심을 집중하고자 한다. 과연 그토록 많은 사람들, 그토록 많은 부자들, 도시들, 그리고 나라들이 단 한 사람의 독재자를 견디는 일이 어떻게 벌어지는지에 관해서 말이다. 독재자의 권력이란 그 권력에 종속된 다른 모든 이들이 그에게 건네준 힘일 뿐이다. 다른 모든 이들이 독재자를 참고 견디는 한,

그의 권력이 부리는 횡포는 계속될 것이다. 사람들이 독재자에게 저항하지 않더라도, 단지 견뎌내기를 멈추기만 해도, 독재자는 더 이상 그들에게 어떤 해악도 끼칠 수 없다.

수백만의 사람들이 대단한 힘을 가진 척하는 한 인간의 명성에 홀리거나 마법에 사로잡힌 듯 목이 눌린 채 비천하게 복종한다는 사실. 이는 대단히 놀라운 일이 분명하나 흔히 벌어지고 있다는 사실이 더 마음 아프고 놀라울 뿐이다. 독재자를 두려워할 필요는 없다. 그는 혼자이고, 사랑받을 만한 어떤 장점도 지니지 않았다. 그는 민중들에게 비인간적이고 잔혹할 뿐이다.

인간은 약한 탓에 복종을 강요당하는 경우도 있다. 그렇다면 때를 기다릴 줄 알아야 한다. 우리가 항상 강자일 수는 없는 노릇이니.

도시국가 아테네가 폭군 30명에게 굴복했듯이* 한 국

* 28년을 끌었던 아테네와 스파르타의 전쟁은 기원전 404년에 스파르타의 승리로 끝이 났다. 이 전쟁은 민주정치를 해왔던 아테네와 과두정치를 해왔던 스파르타가 벌인

가가 전쟁 승패의 결과로 말미암아 한 독재자에게 복종하도록 강요당한다면, 그것은 놀랍기보다는 애석하게 여겨야 할 사건이다. 악운을 참고 견디며 미래의 더 나은 기회를 기다릴 뿐이다.

'우정'이라고 하는 공동의 의무에 인생의 중요한 한 부분을 의지하며 사는 것은 인간의 타고난 본성 중 하나다. 미덕을 사랑하고, 아름다운 행동을 높이 평가하며, 우리에게 베풀어진 선행에 감사를 표하는 것, 그리고 우리가 사랑하고 존중받아 마땅한 사람들의 명예와 그의 미덕을 더 높이기 위해 우리의 사소한 만족이 줄어드는 것을 기꺼이 감수하는 것은 합리적인 태도다.

그런데 한 나라의 백성들이 그들을 보호할 수 있는 뛰어난 선견지명과 적으로부터 그들을 방어할 수 있는 대

두 정치체제 사이의 승부이기도 했다. 스파르타의 승리로 말미암아 아테네의 민주정치는 끝이 나고 스파르타의 비호를 받는 참주 30인이 아테네를 지배하게 된다. 이것은 고대 그리스가 패망하는 직접적인 원인이 된다.

담한 용기, 세심하게 백성을 살피는 배려심을 입증해 보여준 한 인물을 만났다고 가정해보자. 그리하여 백성들이 그에게 복종하는 데 익숙해지고, 한 걸음 더 나아가 그에게 몇몇 특권까지 기꺼이 부여한다면 그것은 과연 현명한 일일까? 그가 잘해내고 있던 위치에서 그를 내려오게 하고, 그가 잘못할 수밖에 없는 자리에 앉히는 것이 과연 잘하는 일일까? 그가 갖게 된 특권으로 말미암아 악행을 벌일 수도 있게 되었을 때 그의 특권을 제거하는 것이 더 바람직한 일 아닐까? 그러나 선정을 펼쳤던 이가 폭정을 펼치게 될까 봐 두려워하기보다는 그에 대해 지속적으로 호의를 갖는 편이 훨씬 자연스럽다는 사실은 분명하다.

오, 그러나 신이여! 대체 이것은 무엇이란 말인가? 우리는 이것을 뭐라고 불러야 할까? 이 무슨 불행이고 악습이란 말인가? 헤아릴 수 없이 많은 사람들이 복종이 아니라 노예처럼 굴종하는 것을 본다. 그들은 통치를 받는 것이 아니라 자발적으로 독재자가 행하는 폭정의 피해자가 된다. 재산도 부모도 아내나 자식도 없이, 자신의 삶마저 스스로의 소유가 아닌 인생을 살면서 이 모든 것을 기꺼이 약탈당한다. 군대로부터 당하는 약탈도 아니고, 피를 뿌리며 대적해 싸워야 하는 야만인들로부터 당하는 것도 아니다. 그 약탈은 오직 한 사람에 의해 행해진다.

그는 헤라클레스도 아니고 삼손도 아니다. 한 인간 나부랭이, 대체로 나라에서 가장 비겁하고 가장 약한 위인인 경우가 많다. 전장의 포연에도 익숙지 않고 모래판의 결투에도 길든 적이 없는 자, 군대를 지휘할 힘도 없고 가냘픈 여자들의 주변에서나 비굴하게 얼쩡거리는 작자들이다. 우리는 이런 자를 비겁자라고 불러야 할까? 그리고 그런 자에 굴종하는 자들을 겁쟁이 혹은 얼빠진 자라고 불러야 할까?

두 명이나 서너 명이 한 명을 대적하지 못한다면 좀 이상한 일이긴 하지만 그럴 수도 있다고 치부할 수 있다. 이런 경우 용기가 부족한 사람들이라고 할 수 있을 것이다. 그러나 1백 명, 1천 명이 단 한 명 때문에 괴로움을 감수한다면 그들은 그 한 사람에게 저항하기를 원치 않는다고 말하기보다 감히 대적해보려는 의사 자체가 없다고 말해야 할 것이다. 그리고 이러한 자들에게는 비겁함이 아니라 굴욕이나 경멸이라는 단어를 사용해야 할 것이다.

그런데 만약 1백 명, 1천 명이 아니고 1백 개의 나라, 1천 개의 도시, 1백만 명의 사람들이 한 명에게 덤벼들지 않고, 그로부터 가장 잘 대접받는 자가 농노나 노예로 취급되는 불운을 기꺼이 받아들인다면, 우리는 이들을 뭐라고 불러야 할까? 이것을 단지 비겁하다고만 말할 수 있을까?

모든 악습에도 당연히 한계는 있다. 어디든 자연스럽게 넘지 못할 선이 그어진다. 두 명이 한 명을 겁낼 수 있다. 열 명이 한 명을 두려워하는 경우도 있을 수 있다. 그러나 1천 명, 1백만 명이, 1천 개의 도시가 한 사람으로부터 자신을 방어하지 못한다면, 그것은 겁쟁이의 문제가 아니다. 단지 겁쟁이기 때문에 그 지경에까지 이를 수는 없다. 그 어떤 용맹함도 사다리 하나로 성채를 정복할 수 없고 한 군단을 포위할 수도 없으며 한 왕국을 정복할 수도 없는 법이다.

비겁하다고 말할 가치도 없는 이것은 무슨 악습의 괴물일까? 이것에 마땅히 붙여줄 수 있을 만큼 저속한 단어를 찾을 수가 없다. 자연의 이치도 이 괴물스러운 현상을 부인하며, 언어도 이 괴물에 이름 붙이기를 거부하기 때문이다.

자유,
인간에게 가장 소중한 재산목록

각각 무장한 군사 5만을 거느린 두 군대가 전투 대열로 대치해 있다가 접전을 시작했다고 가정해보자. 한쪽은 그들의 자유를 지키기 위해 싸우고, 다른 한쪽은 적군에게서 그들의 자유를 빼앗기 위해 전투에 임한다. 어느 쪽이 승리할 가능성이 더 높을까? 어느 쪽이 더 용기 있게 전투에 임할까? 자유를 지키기 위해 전장에 뛰어드는 쪽일까, 아니면 공격의 대가로 오직 적들을 노예로 삼는 보상만을 받을 수 있는 쪽일까?

전자는 항상 자신들이 누려온 자유인으로서의 행복한

기억을 갖고 있다. 이들은 그 같은 안락함이 미래에도 지속되기를 간절히 기대한다. 그들은 전쟁에서 이겨 그와 자신의 자녀들, 그리고 계속해서 이어질 후손들이 누리게 될 행복한 시간에 비해 자신들이 전투 중에 감수하는 고통의 시간은 매우 짧다고 생각할 것이다.

반면 후자는 오로지 탐욕만이 그들의 사기를 충전시키는 수단이다. 이는 전투의 위험 앞에서 얼른 움츠러들고 만다. 부상을 입거나 상처에서 피라도 보게 되면 전투를 위해 필요한 최소한의 열기도 식어버리고 만다. 유명한 마라톤 전투의 명장 밀티아데스Miltiades, 테르모필레 전투의 레오니다스Leonidas, 그리고 살라미스 해전의 테미스토클레스Themistocles를 기억해보라. 이 전투들은 2천여 년 전의 사건이지만 마치 어제 일인 것처럼 생생하게 책과 사람들의 가슴속에 살아남아 있다.*

* 여기에 인용된 이름들은 모두 그리스의 장군들로, 군대의 수적 열세에도 불구하고 페르시아를 상대로 혁혁한 승리를 거둬 역사에 이름을 남긴 이들이다. 기원전 490년, 밀티아데스는 마라톤 전투에서 페르시아군을 상대로 큰 승리를 거둔다. 기원전 480년, 레오니다스는 테르모필레 전투에서 아테네로 향하는 페르시아군의 행렬을 수일간이

세 전투는 그리스에서뿐 아니라 전 세계인에게 모범적인 사례로 일컬어진다. 고대 그리스의 군대는 지극히 소규모였다 — 그들의 나라가 그랬던 것처럼. 그럼에도 그들은 바다를 까맣게 뒤덮을 만한 해군 병력에 대적했다. 그리스 군대에서 적군 페르시아 군대를 지휘할 지휘관을 공급해야 한다고 해도 그 숫자가 충분하지 않을 만큼 작았던 그리스 군대는 어떻게 그토록 엄청난 수의 대군을 물리칠 수 있었을까? 그들의 군대를 지탱한 것은 그들의 군사력이 아니라 바로 그들의 용기였다.

이날의 영광스러운 승리는 단지 그리스와 페르시아 사이의 승리가 아니라 지배와 탐욕에 대항하는 자유의 승리였다. 자유는 그것을 수호하는 사람들의 가슴에 어떻게 용기를 불어넣을까? 흔히 사람들은 그런 이야기를 들으면 의아하게 느낀다. 그럼에도 불구하고 한 사람이 수

나 지체시키는 데 성공하지만 본인은 부하들과 함께 전사한다. 그의 희생으로 아테네 시민들은 피난을 갈 수 있었다. 그리고 테미스토클레스는 살라미스 해협에서 페르시아군을 무찔러 그리스에 큰 승리를 가져왔다.

십만 명을 가혹하게 다루고 자유를 박탈하는 일이 모든 나라에서, 모든 사람들 사이에서 일어나고 있지 않은가. 이 이야기를 보지 못하고 듣기만 한다면 과연 누가 그 사실을 믿겠는가. 이런 일이 외국이나 먼 나라에서만 일어난다면 그 사실이 거짓이며 조작된 것이라고 생각하지 않을 사람이 누가 있겠는가.

다시 독재자에게로 말머리를 돌려보자. 그와 싸울 필요는 없다. 그를 패배시킬 필요도 없다. 독재자는 스스로 굴복한다. 민중이 독재자에 대한 굴종에 동의하지 않는다면 독재자는 스스로 무너진다. 그에게서 무엇을 빼앗을 필요도 없다. 단지 그에게 아무것도 주지 않으면 된다. 나라가 그 자신을 위해 무엇인가를 하는 수고를 할 필요는 없다. 단지 자신의 이해에 반하는 짓만 안 하면 된다.

우리는 민중 스스로가 자신을 방치하고 비탄의 수렁에 빠지도록 놔두는 것을 종종 본다. 굴종을 멈추면 그것으로 일단락된다. 민중은 흔히 자발적으로 굴종을 택하고 스스로 자신의 목을 자른다. 노예가 될지 자유인이 될지를 선택하는 것은 민중 자신이다. 자유를 버리고 멍에를 짊어지며 잘 정비된 법률하에 권력의 보호 아래로 기어들어가는 것은 동시에 근심과 압제, 불의 그리고 오직 독재자 한 사람만의 기쁨을 위해 살기를 원하는 것과 마찬가지다.

천부天賦의 권한인 자유를 되찾는 것만큼 소중한 것은 없다. 그것은 짐승에서 다시 인간이 되는 것이라 할 수 있겠다. 만일 누군가가 자유를 되찾기 위해 큰 대가를 치러야 한다면, 나는 그에게 서두르지 말라고 할 것이다.

사실 나는 누군가가 자유를 회복하기 위해 큰 용맹심을 발휘할 것조차도 바라지 않는다. 그가 들어온 '자유로운 삶'이라는 의심스러운 희망을 실현하는 것보다 차라리 미천한 현재의 삶을 안전하게 누리면서 사는 편을 선호한다면, 나는 이 또한 인정할 수 있다.

그러나! 자유를 얻기 위해 우리가 해야 하는 일은, 단지 그것을 간절히 원하기만 하면 된다. 단지 그것을 원한다는 의지만이 필요하다는데, 이 단순한 희망만으로 획득할 수 있는 것이 자유인데, 그것을 너무 비싼 대가라고 부를 사람이 있을까? 세상 어느 누가 피의 대가를 치르고라도 다시 사 와야 할 만큼 소중하며, 그것을 잃었을 때 모든 존엄한 삶을 참혹한 것으로 만들고 오히려 죽음을 자청하게 하는 소중한 자산(즉, 자유)을 되찾으려는 의지를 후회하겠는가?*

분명 작은 불티의 불도 커지고 강한 불길이 된다. 태울 나무가 많아질수록 폭군은 더 많은 장작을 태울 준비가 되어 있다. 그 불길에 물을 끼얹어 끄지 않더라도 더 이상 탈 것이 없다면 불길은 저절로 꺼져서 사멸해버린다.

독재자도 마찬가지다. 그가 착취하고 요구할수록 그는 우리의 재산을 앗아가고, 우리가 그를 받들고 복종할수록 그는 항상 더 부강해지며 모든 것을 소멸시키고 파괴

* 자유를 빼앗긴 불명예보다는 차라리 죽음을 택하는 것이 낫다고 하는 라 보에시의 이 같은 사고는 그와 필생의 우정을 나눈 벗 몽테뉴의 《수상록》에 그대로 담겨 있다.

할 것이다. 만약 사람들이 독재자에게 복종하기를 거부한다면, 싸울 필요도 없이 독재자들은 알몸으로 돌아가고 해체되어 아무것도 아니게 된다. 수분도 거름도 없는 뿌리처럼 말라갈 것이다.

원하는 재물을 얻기 위해 대범한 이들은 위험 앞에서도 두려워하지 않을 것이며, 신중한 자들은 고통을 마다하지 않을 것이다. 그러나 겁쟁이나 바보들은 악운을 감내할 줄도, 재물을 획득할 줄도 모른다. 그들은 단지 바라기만 할 뿐이다. 그들이 가진 척하는 미덕은 비굴한 근성으로 인해 떨어져 나간 지 오래이고, 재물에 대한 욕망만이 천성으로 남았을 뿐이다.

욕망, 사람들을 행복하게 해줄 재산을 소유하고자 하는 욕망은 현명한 자나 정신 나간 사람, 용감한 사람이나 겁쟁이 모두에게 공통된 것이다. 그런데 나는 사람들이 소유하길 희망하는 재산의 목록에서 한 가지가 늘 빠져 있음을 목격한다. 모든 사람들이 공유하는 이 본질적인 욕망의 목록에서 어떻게 그것이 빠질 수 있는지 이해하기가 어렵다. 그것은 바로 '자유'다.

자유는 가장 중요하고, 우리에게 가장 큰 기쁨을 선사하는 재산이다. 우리가 자유를 잃으면 온갖 악행들이 순식간에 우리를 포위하게 될 것이다. 자유를 뺏기고 나면 남아있는 모든 재산은 그 빛깔과 맛을 상실하고 만다. 굴종 상태에서 그 모든 것들은 곧 부패해버리기 때문이다.

우리는 욕망의 대상에서 오직 자유라는 재산만을 가장 소홀하게 다룬다. 사람들은 자유를 경시하는 경향이 있다. 원하기만 한다면 취득할 수 있고, 원하기만 하면 쉽게 누릴 수 있는 것이라 생각하기 때문이다.

모든 인간은 자유롭게 태어났다

불쌍하고 비참한 민중이여. 불행을 향해서는 악착같이 달려들고, 행복 앞에서는 눈먼 자가 되어버리는 그대들이여. 그대들의 가장 소중한 재산을 약탈당하고, 농지가 거덜 나고, 집과 가구, 살림살이를 빼앗기고, 조상이 물려준 골동품 집기들을 강탈당하는데 그대들은 눈 뜬 채 쳐다보고만 있다.

그대들은 그 무엇도 소유했다고 자부할 수 없는 빈털터리 인생을 살고 있다. 이제 재산과 가족, 당신의 삶을 지킨다는 것이 얼마나 큰 행복인지를 알게 될 것이다. 이 모든 손해와 불행, 폐허가 되어버린 집은 외부의 적들이 초래한 것이 아니다. 그대들이 높은 분이라 믿고 그를 위해서라면 목숨을 바치는 희생까지 감수해가며 전쟁터로 달려가기까지 하는, 바로 그대들이 숭상하는 그 독재자가 이 모든 피해를 야기하는 그대들의 적이다.

그대들을 지배하는 자 역시 두 개의 눈, 두 개의 팔, 하나의 몸통을 가졌을 뿐이다. 크고 많은 도시의 가장 하찮은 사람이 가진 능력과 비교해도 다른 아무것도 더 가진 게 없다.

그대들 자신이 그대들 위에서 군림할 특권을 그에게 인정하지 않았다면, 그대들의 일거수일투족을 감시하는 그 많은 눈을 그는 어디서 구할 수 있었겠는가. 그대들 자신이 바로 그의 눈 역할을 해주는 것이 아니라면 그대들을 가격하는 그 많은 팔을 그는 어디서 얻었겠는가. 그대들 자신이 그의 팔이 되어주는 것이 아니라면 그대들의 마을을 짓밟는 발을 그는 어디서 구했겠는가. 그대들 자신이 그의 발이 되어주는 것이 아니라면, 그대들 스스로가 그에게 권력을 부여하는 것이 아니라면, 그는 무슨 힘으로 그대들을 지배할 수 있었겠는가?

그대들이 그를 용인하지 않는다면 어떻게 그가 감히 그대들에게 달려들어 마음대로 행동할 수 있겠는가. 그대들이 그의 장물아비 노릇, 살인자의 공범 노릇을 하지 않고 스스로에 대한 배신자가 되지 않는다면, 그가 대체 무슨 짓을 할 수 있겠는가.

그대들은 그가 와서 짓밟을 수 있도록 탐스러운 과실의 씨를 뿌리고 있는 것이다. 그대들은 그가 약탈해 가도록 집 안을 꾸미고 멋진 가구들을 들여놓는 것이다. 그대들은 결국 그가 자신의 음욕淫慾을 충족하도록 공들여 딸을 키우고 있는 것이다. 그대들이 키운 아들은 잘해야 그가 전장으로 끌고 나갈 병사가 될 것이며, 나머지는 도살장으로 끌려가 독재자의 탐욕스러운 하수인으로, 그를 위한 복수전의 대리 집행인으로 사용될 것이다.

그대들은 그가 더럽고 비열한 쾌락에 파묻혀 호의호식하도록 온갖 고역에 자신을 길들이고 있다. 그대들은 자신을 속박한 굴레를 더욱 잡아당겨 독재자가 더 강하고 가혹하게 군림할 수 있도록 스스로를 약자로 만들고 있다.

짐승조차 이 정도의 분노는 느낄 것이며, 이것을 참아낼 수 없을 것이다. 그대들이 이 분노로부터 벗어나려고 애쓰는 정도로는 그 상태를 벗어날 수 없다. 오직 강하게 원할 때만 그대들은 그 상태를 벗어날 수 있다. 더 이상 예속되지 않겠다는 확고한 결심을 하라. 그때 그대들은 자유인이 될 수 있다.

나는 그대들이 독재자를 밀어내고 흔들어버리기를 바라는 것이 아니다. 오직 그를 더 이상 지지하지 않기를 원할 뿐이다. 그때 그대들은 디딤돌을 뽑아낸 거대한 동상처럼 자신의 무게로 무너져 내려 산산조각 나는 독재자의 꼴을 보게 될 것이다.

의사들은 치유가 불가능한 상처에는 손쓰지 말라고 권한다. 너무 오래전에 모든 인식을 상실하여 더 이상 고통을 느끼지 못할 정도의 고질병에 걸려 있는 민중에게 이 사실을 전하는 일이 그리 현명한 처신이 아님을 나도 잘 안다.

그래도 한번은 생각해보자. 어떻게 이 완강한 종속에 대한 지향성이 오래전부터 우리 의식의 내면에 뿌리를 내려 오늘날 마치 자유에 대한 사랑이 인간 본성이 아닌 것처럼 여길 정도가 되었을까.

우선 나는, 자연이 우리에게 부여한 권리 속에 우리가 살고 자연이 건네준 가르침에 따라 살았다면, 우리는 자연스럽게 부모를 따르고 이성理性을 따르며 어느 누구의 노예도 아니었으리라는 사실을 확신한다. 다른 어떤 지시에도 얽매이지 않고 각자 타고난 천성에 따라 부모를 섬기며 지냈다면, 우리 모두는 각자의 이성에 따라 행동하며 살았을 것이다.

이성에 관해 이야기해보자. 우리가 태어날 때부터 우리 안에 이성이 내재되어 있었는지 단언할 수 없지만, 나는 우리의 영혼 속에 이성의 본질적인 씨앗이 분명히 있다고 본다—이성이 과연 인간이 선천적으로 갖고 태어나는 것인지 아닌지의 문제는 플라톤 아카데미학파의 담론에 의해 깊이 토의된 문제이며, 또한 모든 계파의 철학자들이 다룬 문제이기도 하다. 이 이성이라는 씨앗은 좋은 말과 바른 태도 속에서 자라나면 미덕으로 꽃을 피운다. 반대로 악행과 마주치면 질식하고 사산되고 만다.

세상에서 명백하고 뚜렷한 것이 분명 있다면, 그것은 바로 신의 대리인이자 인간의 통치자인 자연이 우리를 같은 틀에서 뽑아 같은 형상으로 빚어놓았다는 사실이다. 이는 우리가 서로를 동료나 형제로 여기게 하기 위해서다.

자연은 우리에게 서로 엇비슷한 신체를 나눠줬지만, 정신이든 육체든 누군가에게는 조금 더, 누군가에게는 조금 덜 나눠줬다. 그러나 자연은 원형경기장처럼 닫힌 세상에 우리를 가두어놓으려 하지 않았고, 숲 속의 도적들처럼 빈틈없고 힘센 자들을 보내 가장 약한 자들을 해치우게 내버려두지 않았다. 그보다는 어떤 이들에게는 좀 더 많이 주고 어떤 이들에게는 좀 더 적게 줘서 가진 자와 못 가진 자들 간에 인간애가 싹트게 했다. 그 결과 힘과 권세를 가진 자는 도와줄 줄 알고, 궁핍한 사람들은 도움을 받을 수 있었다.

자비로운 어머니 자연은 우리 모두에게 지상에서 머물 수 있는 땅과 집을 주셨다. 우리 모두가 그린 것 같은 엇비슷한 모습의 집에서 살고 있는 셈이다. 서로가 서로를 통해서 자신들의 형상을 알아볼 수 있게 하기 위해서다. 또한 자연은 우리에게 소리와 말이라는 위대한 선물을 주어 우리가 서로 소통할 수 있고 더 많은 우애를 나눌 수 있게 했다.

자연은 우리가 공동체를 이루고 서로가 가진 생각을 교류하며 우리의 일치된 의견을 함께 나누게 하면서 우리를 하나로 모이게 한다. 자연은 가능한 모든 방법으로 우리가 연대하게 하며, 우리 사회가 더 강한 결속과 매듭을 갖게 한다.

자연은 모든 부분에서 우리가 완전한 하나이길 바랐으니, 우리가 천부적으로 자유인이라는 사실을 의심할 수 없다. 우리는 모두 서로의 동등한 동반자이며, 우리 중 그 누구도 굴종의 속성을 타고난 사람은 있을 수 없다.

현실적으로 정말 자유가 천부적으로 주어진 것인가에 대한 토론은 무의미하다. 세상 그 어느 누구도 타인에게 엄청난 피해를 입히지 않으면서 그를 노예로 삼을 수는 없기 때문이다. 누군가를 노예 상태에 두는 것보다 더 자연의 순리와 합리에 어긋나며 정의에 반하는 행위는 존재하지 않는다. 고로 자유는 자연스러운 것이다. 바로 이러한 이유에서 인간은 단지 자유인으로 태어날 뿐 아니라 자유를 지키고자 하는 맹렬한 열망도 함께 가지고 태어난다.

만약 그 점을 의심하고, 타고난 자유에 대한 권리와 그것을 지키고자 하는 타고난 열정을 인정하지 못하는 인간이 있다면, 나는 그들이 어떤 꼴로 어떤 상태와 조건에서 굴종하는지를 알아차리도록 하기 위해 소나 말을 끌고 와 그들에게 보여줄 것이다. 인간들이 아주 귀머거리가 아니라면 짐승들조차 소리를 질러 듣게 할 것이다. "자유 만세!"라고.

짐승들 중에도 사로잡히면 곧바로 죽는 경우가 종종 있다. 물을 떠나면 죽고 마는 물고기처럼, 마찬가지로 짐승들도 세상을 버리고 눈을 감는다. 천부의 자유 상태를 빼앗긴 후에는 살아가기를 거부하는 것이다. 동물 세계에도 계급이 있다면, 아마도 이러한 동물들은 고귀한 귀족으로 취급받을 것이다.

몸통의 크고 작음에 상관없이 동물들은 사로잡히면 발톱이나 뿔, 부리 등 사지를 동원해 죽기 살기로 저항한다. 동물들은 자유를 상실하고 사로잡혀 있다는 것이 그들에게 얼마나 큰 불행인지를 온몸으로 보여준다. 잡힌 순간부터 그들은 이미 살아 있기보다는 말라 죽어가는 것에 더 가깝다. 아직 살아 있지만, 굴종 상태를 참아서가 아니라 잃어버린 자유를 애석해하는 분노에 시달리는 것이다.

코끼리는 더 이상 할 수 없을 때까지 죽을힘을 다해 자신을 방어하다가 포박당하는 순간 나무에 머리를 처박아 스스로 턱과 이빨을 부러뜨린다. 이는 오직 자유롭게 살고 싶다는 의지를 온몸으로 표출하는 것이 아닐까? 아니면, 자유롭게 살고 싶다는 강한 열망 때문에 순간적으로 사냥꾼과 흥정을 해야겠다고 생각해 자신의 몸값으로 사냥꾼에게 상아를 제공하면 혹시 풀어주지 않을까 하고 기대한 것일 수도 있다.

말이 태어나면 우리는 즉시 먹이를 주며 그가 인간에게 복종하도록 하기 위해 길을 들인다. 말을 충분히 구슬리지 못하면 우리가 길들이려고 다가설 때 말은 재갈을 물어뜯고 박차에 뒷발질을 한다. 마치 자신이 복종하는 것은 스스로 원해서가 아니라, 우리의 강압에 의한 것임을 자연에게 보여주고, 적어도 그 최소한의 진실을 증언하고자 하는 것처럼. 여기에 대고 우리는 무슨 말을 해야 할까?

황소조차 멍에의 무게에 눌려 신음하고,
새들은 새장에 갇혀 슬피 운다.

전에 말했던 것처럼, 나는 시간을 보내며 이런 시를 적어보기도 했다. 롱가*, 자네에게 편지를 쓸 때 내가 자네에게 읽어주지 않았던 내 시들을 기꺼이 편지에 넣어 보내기를 주저하지 않았지. 자네가 그 시들을 읽고 만족해하는 듯했기 때문일세.

감정을 가진 모든 세상 만물은 구속을 경험하는 순간, 그것이 끼치는 해악을 느끼며 자유를 향해 전력으로 질주한다. 이처럼 인간에게 예속될 운명을 부여받은 짐승들조차 운명의 굴레에서 벗어나고자 거칠게 항의하면서 예속된다. 그런데 진정으로 자유롭게 살도록 태어난 유

* 라 보에시가 롱가라고 부르는 이 사람은 기욤 드 뤼흐Guillaume de Lure다. 보르도의회에서 라 보에시의 전임자였다. 라 보에시는 대학 졸업 후 24세부터 보르도의회에서 법무관으로 일했다. 이 대목은 18세에 처음 《자발적 복종》을 쓴 후 수년이 지나 본인이 직접 수정을 했거나 다른 사람이 수정했던 것으로 보인다. 라 보에시는 롱가에게 《자발적 복종》을 헌정했다.

일한 존재인 인간의 본성을 이토록 변질시키고, 그 본질적인 존재 양식에 대한 기억을 지우며, 본질적 존재로 돌아가려는 욕구마저 무기력하게 만드는 이 재앙은 대체 무엇이란 말인가?

독재자의 유형

독재자에는 세 가지 유형이 있다. 민중의 선출로 권력을 부여받아 나라를 다스리는 자, 무력으로 나라를 차지해 통치하는 자, 권력을 상속받아 군림하는 자.

전쟁으로 나라를 얻은 독재자는 정복한 영토 내의 모든 것들 위에 군림한다. 태생부터 왕으로 태어난 군주들은 전쟁으로 나라를 얻은 독재자보다 나을 것이 거의 없다. 태어나면서부터 독재의 가슴에서 양육되어 젖을 먹을 때부터 독재자의 근성을 자연스럽게 흡수하기 때문이다. 그들은 자신의 발아래 놓인 국민을 상속 노예처럼 간주한다. 이런 자들은 자신의 기질에 따라 야박하거나 혹은 인심 후하게 내키는 대로 국가를 상속받은 재산처럼 다룬다.

국민의 선출로 국가를 맡게 된 군주는 그나마 가장 견뎌내기 쉬운 편이다. 앞으로도 그리 생각하겠지만, 이들 역시 자신이 다른 사람들보다 높은 곳에 있다는 사실을 알아차리자마자 위대함이라 불리는 그 무엇에 홀려 기고만장해지고, 급기야 그 자리에서 꼼짝하지 않기로 작정하면서 흔히 국민에게 위임받은 권세를 자식들에게 대물림한다. 그리고 그 후계자들은 다른 독재자들과 마찬가지로 모든 종류의 악행과 도를 벗어난 잔혹한 범죄를 저지른다.

이 세습된 독재자는 새로 구축된 체제를 더욱 안전하게 굳히기 위해 억압의 범위를 확대하고, 민중을 자유로부터 철저히 격리시킨다. 아직 그들이 누렸던 자유에 대한 기억이 생생하게 남아 있는 민중의 머릿속에서 자유의 흔적이 완전히 사라지도록…….

그러니 세 유형의 독재자들 사이에 약간의 차이는 있을지언정 누구를 선택하는 것이 옳은지는 사실 알 수가 없다. 통치 권력에 도달하는 방법은 달라도 통치하는 방식은 항상 거의 동일하다. 선거로 권력을 쥔 지배자들은 민중을 마치 사나운 황소를 길들이듯 취급한다. 정복자들은 백성을 노획물로 여기며, 권력을 세습받은 자들은 백성을 그들의 당연한 노예로 간주한다.

지금 막 새로운 인간들이 태어났다고 가정해보자. 그들은 예속에 길든 적도 자유를 누려본 적도 없는, 말하자면 지금까지 인간의 삶의 조건을 겪어보지 못해 어느 상태가 더 생존에 적절한지조차 알지 못한다. 그들에게 노예 신분이나 자유인 신분을 제안하면 그들은 각각의 신분이 요구하는 룰에 따라 자신을 맞추려 할지도 모른다. 그러나 그들이 한 권력자에게 예속당하기보다는 이성에 따라 사는 자유인의 입장을 선호할 것이라는 사실에는 의심할 여지가 없다.

반대의 예가 있긴 하다. 이스라엘인들은 강요당해서도

아니고 절대적 필요가 있어서도 아닌 상황에서 독재자를 지도자로 선택했다. 이스라엘의 첫 번째 왕 사울Saul 말이다. 이스라엘 민족사를 읽을 때마다 이스라엘인들에 대한 경멸의 감정이 치밀어 올라, 그들이 당한 수난의 역사에 쾌감을 느낄 만큼 잔인해지는 나를 느낀다.

인간이라고 불릴 수 있는 모든 것을 가진 자들이 스스로를 노예로 종속되도록 방치한다면, 거기에는 적어도 다음의 두 가지 조건 중 하나 이상이 충족되어야 한다. 완전히 겁에 질리거나 철저히 실망하거나. 스파르타나 아테네가 알렉산더의 무력에 항복했던 때가 바로 그런 경우다.

아테네는 내부의 세력 다툼 때문에 독재군주 페이시스트라토스*의 수중에 들어가기도 했다. 내부 분열의 경우처럼 사람들은 흔히 농간에 의해 자유를 상실하기도 한

* **페이시스트라토스**Peisistratos : 기원전 600?~기원전 527?년. 아테네의 독재자로, 책략으로 아크로폴리스를 차지한 후 자신의 왕조를 세우지만 17년 만에 막을 내린다.

다. 타인들의 속임수에 속는 경우보다 자신의 판단에 속는 경우가 더 흔하다. 시라쿠사의 주민들이 바로 이 경우에 해당한다. 시칠리아의 수도 시라쿠사의 주민들은 전쟁 국면에 놓이면서 다급했던 나머지 디오니시우스*를 참주로 옹립하고 그에게 군대의 총지휘권을 넘겨줬고, 그가 점점 막강한 통치자가 되어가는 것에 대한 경계를 소홀히 했다. 전쟁에서 이기고 돌아오는 길에 디오니시우스는 적군을 정복하기보다 자신을 지지하고 신뢰하던 주민들을 정복한 것처럼 돌변했다. 그는 지휘관에서 왕이 되고, 다시 왕에서 전제군주가 되어버렸다.

주민들은 지배자에 예속당하자 바로 그 예속 상태에 빠져들어 지난날 자유인이던 신분을 까맣게 잊고 말았다. 그들이 다시 자유를 찾기 위해 망각에서 깨어나는 것은 불가능해졌다. 그들이 그토록 자발적으로, 그토록 기

* 디오니시우스Dionysius : 기원전 430?~기원전 367?년. 시라쿠사의 폭군으로, 호위병을 6백 명에서 1천 명 수준으로 늘리기 위해 자신을 공격하는 가짜 테러를 꾸미기까지 한 인물로 알려져 있다.

꺼이 굴종하는 모습을 보노라면, 그들은 자유를 잃었지만 대신 복종을 얻었노라고 말할 만했을 정도다.

처음에는 강요에 의해 힘에 눌려 복종하지만 그다음 세대들은 자유를 전혀 보지 못했고 그것이 무엇인지도 모르는 상태에서 어떤 후회도 유감도 없이 앞선 세대들이 강제적으로 해야만 했던 일들을 자발적으로 행한다.

습관,
자발적 복종의 첫 번째 이유

/

멍에를 지고 태어나 노예 상태에서 성장하고 교육받은 사람들은 전 세대가 어떤 삶을 누렸는지 알지 못하고 그들이 태어난 대로 사는 것에 만족한다. 그들은 자신들이 어떤 재산, 어떤 권리를 가질 수 있는지에 대해선 더 이상 생각도 하지 않고 출생 당시부터 주어진 삶의 조건을 자연스러운 상태로 여기게 된다.

하지만 부모가 남겨준 재산목록에 눈길 한번 주지 않고 살아갈 만큼 무기력한 상속자는 없는 법이다. 상속 후계자들은 대부분 부모로부터 물려받은 권리들을 제대로 누리고 있는지, 누가 제 몫의 재산 혹은 부모의 재산을 강탈해 가지는 않았는지를 종종 살펴보게 마련이다.

관습은 매사에 우리에게 큰 영향력을 행사하지만 특히 복종의 의무를 알게 하는 데 가장 큰 효력을 발휘한다. 면역력을 얻고자 평소에 독약을 조금씩 복용했던 소아시아의 대왕 미트리다테스Mithridates(기원전 132~기원전 63)의 습관처럼, 관습은 우리가 굴종을 거부감 없이 삼키게 함으로써 더 이상 굴종의 독으로부터 쓴맛을 느끼지 못하게 만든다.

우리가 좋고 나쁜 일을 판단하고 행하는 데, 타고난 본성이 매우 큰 영향을 미친다는 사실을 부인할 수 없다. 하지만 관습이 우리의 행동에 미치는 영향에는 이르지 못한다. 타고난 성품이 아무리 훌륭해도 그것이 제대로 가꿔지지 않고 후천적으로 받은 교육이 그 천성을 지켜주지 못한다면 소멸하고 만다. 자연이 우리에게 심어놓은 씨앗들은 너무 작고, 고착된 것이 아니어서 그것을 억압하는 아주 작은 교육의 타격만으로도 싹트지 못하고 사라져버릴 수 있다.

그 씨앗들은 지극히 잘 보전되지 못하면 퇴화하고 녹아버려 결국 아무런 결실을 맺지 못한다. 그것은 마치 과일나무와 같아서 자연이 부여한 본질을 얼마간 갖고 있어 방해하지 않으면 본래 타고난 대로 열매가 맺힐 수 있다. 그러나 어느 과일나무에 접을 붙이느냐에 따라 타고난 열매가 아니라 다른 낯선 열매가 맺히기도 한다. 풀도 제각기 그들의 특성과 본성, 독특함을 지니고 있다. 그러나 냉해, 시간, 토질 혹은 정원사의 손길 등이 그들이 가진 각각의 특질을 가감한다. 여기서 본 식물을 다른 곳에서 보고도 전혀 알아보지 못하는 경우가 종종 있지 않던가.

작은 규모의 인구가 자유를 마음껏 누리며 공화국을 이루고 사는 베니스 시민들.* 그들 중 가장 고약한 작자도 자

* 베니스 공화국은 정치체제 면에서 하나의 모범 사례를 넘어 당시 거의 신화로 간주되었다. 몽테뉴가 라 보에시에 대해 "그는 사를라Sarlat에서 태어나는 것보다 베니스에서 태어났기를 바랐다"고 언급했을 정도다.

유시민이 누리는 행복의 가치를 잘 알고 있어 베니스 왕의 자리를 준다고 해도 받아들일 생각이 없을 정도다. 그런 공화국에서 나고 자란 까닭에 베니스 시민들은 자유를 지키고 잘 가꾸기 위해 세심한 노력을 기울이는 일 외에 다른 어떤 야망도 갖고 있지 않다. 이렇게 요람에서부터 자유의 가치를 배우며 자란 시민들은 자유인으로서의 권리를 지상의 그 어떤 행복과도 바꾸려 하지 않는다.

이런 사람들을 보고 난 후 위대한 술탄*이라 불리는 전제군주가 다스리는 나라(오스만 제국)로 가 태어나면서부터 노예로 운명 지어진 사람의 무리를 본다면, 군주의 권세를 유지하기 위해 백성의 생명을 아무렇게나 희생하는 독재군주의 땅에 사는 백성이 베니스 공화국의 시민과 같은 인간인가, 의심하게 될 것이다. 갑자기 인간의 나라에서 짐승의 집단으로 옮겨 온 게 아닌가, 의문을 갖지 않을 수 없을 것이다.

* 터키의 술탄을 지칭하며, 16세기의 터키 제국은 타의 추종을 불허하는 폭군의 제국으로 불렸다.

스파르타의 입법군주 리쿠르고스Lycourgos는 개 두 마리를 키웠다. 한배에서 난 개 두 마리는 같은 어미의 젖을 먹고 자라다가 이유기를 지나면서 한 마리는 부엌에서, 다른 한 마리는 들에서 사냥 나팔 소리를 듣고 자랐다. 어느 날 리쿠르고스는 개 두 마리를 시장 한가운데 데려다 놓고 산토끼 한 마리와 먹이 한 그릇을 그들 앞에 내려놓았다. 교육 방식에 따라 사람이 어떻게 달라질 수 있는지, 훈육 방식에 따라 사람이 어떠한 변화를 겪는지를 스파르타 사람들에게 보여주기 위해서였다. 부엌에서 자란 개는 즉시 먹이가 담긴 그릇을 향해 달려갔고, 사냥터에서 자란 다른 개는 산토끼를 쫓았다.

리쿠르고스는 이 판이한 결과를 시민들에게 보여주며 이같이 말했다. "하지만 이 둘은 같은 배에서 태어난 형제지요."*

* 플루타르코스도 그의 글 《도덕론》에서 같은 일화를 언급했으며, 몽테뉴도 리쿠르고스와 그의 위대하고 오랜 세월 행복을 누리며 번영했던 나라에 대한 존경을 표한 바 있다.

리쿠르고스는 법과 치안대를 조직해 스파르타의 시민들에게 법이 통치하는 시민사회의 규율을 잘 익히게 했다. 그 결과 스파르타인들은 법과 이성을 버리고 다른 군주를 섬기느니 차라리 수천 번의 죽음을 불사하는 것을 택할 정도로 법과 이성에 충실한 시민이 되었다.

나는 페르시아 대왕 크세르크세스Xerxes의 총신이 두 스파르타인과 나눈 대화를 사람들에게 말해주는 것을 즐긴다. 크세르크세스 왕이 그리스를 정복하기 위해 군사를 모을 때 그리스의 여러 도시로 특사를 보내 물과 흙을 요구했다. 그것은 페르시아가 정복하고 싶은 나라에 항복을 권할 때 사용하는 관례였다.

그러나 아테네와 스파르타에는 특사를 보내지 않았다. 왜냐하면 그의 아버지 다리우스Darius 대왕이 지난날 같은 목적으로 특사를 파견했다가 심한 모욕을 당한 적이 있었기 때문이다. 아테네와 스파르타 사람들은 페르시아의 특사들을 땅 구덩이 속이나 우물에 가두고는 그 속에서

할 수 있다면 물과 흙을 주워 담아 왕에게 가져가보라 조롱했던 것이다. 이날의 치욕을 생생하게 기억하고 있던 크세르크세스 왕은 아테네와 스파르타에 아예 특사를 보내지 않았다.

두 도시국가의 시민들은 그들의 자유를 침해하는 어떠한 일도 용납하지 않았다. 그러나 스파르타는 이 같은 행동으로 신들의 미움을, 특히 군사 연락병의 보호신 탈티비오스Talthybios의 분노를 사게 된다. 신들은 화가 누그러지도록 크세르크세스 왕에게 스파르타의 시민을 제물 겸 사절로 보낼 것을 요구했다. 그리하여 다리우스 대왕의 특사를 죽인 죗값에 대한 보상으로 스파르타 시민 두 사람이 보내지게 되었다.

스파르타가 속죄양으로 보낸 두 사절, 불리스와 스페르티아스. 이들은 조국 스파르타가 화를 면할 수 있도록 볼모가 되기를 자청했다. 두 스파르타인은 페르시아로 향해 가던 도중에 아시아 대륙의 해안 지역에서 페르시아의 성주 인다르네스Indarnes의 거처에 당도했다. 인다르네스는 해변을 따라 줄지어 있는 아시아의 도시를 다스리는 왕의 부관이었다. 그는 예를 갖추어 호화로운 성찬으로 두 스파르타인을 맞이했다.

이런저런 이야기를 하던 성주가 넌지시 그들에게 물었다.

"왜 페르시아 왕의 우정을 거부하는가?"

그는 덧붙여 설명했다.

"스파르타인들이여. 나를 통해 페르시아 왕이 귀한 사람들을 어떻게 대접하는지를 한번 보시오. 만일 그대들이 페르시아 왕을 직접 알현했다면 왕은 내가 그대들에게 한 것과 같은 대접을 했을 터요. 그대들이 왕에게 충성을 바칠 것을 약속하고 왕이 그대들을 친히 알게 되면 그대들은 모두 왕이 지배하게 될 그리스 도시국가의 군주 자리를 얻게 될 것이오."

"인다르네스여, 당신은 우리에게 그 어떤 좋은 충고도 해줄 수 없소. 당신이 우리에게 약속하는 혜택을 당신은 누리고 있지만, 우리가 스파르타 시민으로서 누리는 것을 당신은 누려본 적이 없지 않소. 당신은 당신의 왕이 베푸는 호의를 체험하고 있지만 자유, 우리가 소유한 그 자유의 가치가 어떤 것인지, 그 맛은 또한 얼마나 달콤한지, 당신은 체험해본 적도 없고, 그러니 그것을 상상할 수도 없겠지요. 당신이 진정한 자유인의 신분에 대해 알기만 한다면 당신 스스로 우리에게 그 자유를 꼭 확보하라고 할 것입니다. 창과 방패로 확보할 것이 아니라 입과 발, 손톱, 발톱, 이빨을 이용해서라도 온몸을 바쳐 지켜야 한다고 말입니다."

이 대화에서 오직 스파르타인들만이 합당하다. 그러나 페르시아인과 스파르타인은 각자 자신들이 살아온 환경에 따라 발언했을 뿐이다. 자유라는 것을 전혀 가져보지 못한 페르시아인들이 자유를 누리지 못하는 데 유감을 가질 수는 없는 것은 자유의 달콤한 열매를 누렸던 스파르타인이 노예 신분을 견딜 수 없는 것과 마찬가지다.

카통*은 가정교사에게 교육을 받던 소년기에 로마와

* **카통**Caton d'Utique : 기원전 95~기원전 46년. 고대 로마 시대 정의의 사도로 알려진 인물. 카이사르의 독재에 저항하는 공화주의자로 영웅적인 활약을 했다. 공화주의자

이탈리아의 독재자 술라Sulla의 집을 자주 방문했다. 모든 권세가의 집 대문이 명문대가의 후손인 그에게 활짝 열려 있었다. 게다가 술라 집안과는 부모들도 가까운 사이여서 그의 출입은 자연스러운 일이었다. 당시 모든 상류계급의 자녀들이 그러하듯, 카통은 가정교사를 동반하여 외출해야 했다.

술라의 저택에서 카통이 자주 목격한 광경 중 하나는, 술라가 참석하건 하지 않건 그의 명령에 따라 사람들을 감옥에 가두고, 즉석에서 형벌을 내리며, 어떤 이는 추방당하고, 또 어떤 이는 교수형에 처해지는 장면들이었다. 또 어떤 사람은 재산을 몰수당하는가 하면 참수형에 목이 잘리는 장면도 볼 수 있었다. 그 모든 일은 도시의 한 재판소에서 공정하게 법을 집행하는 방식이 아니라 폭군이 제멋대로 민중을 억압하는 방식으로 행해졌다. 이 모든 것이 이뤄지는 장소는 법이 집행되는 재판소가 아니

들의 연이은 저항이 진압되고 실패로 끝나자 스스로 죽음을 택했다. 카토라고 불리기도 하지만 여기서는 프랑스어 표기를 따라 카통으로 썼다.

라 폭군의 거처, 그중에서도 허름한 작업실이었다.

어느 날 소년 카통이 가정교사에게 말했다.

"내게 단검을 주세요. 옷 속에 단검을 감췄다가 술라가 일어나기 전에 그의 방으로 가겠어요. 나는 가끔 그의 침실에 가곤 하니까 쉽게 그의 방에 숨어들 수 있어요. 이 폭군으로부터 로마를 해방시킬 수 있어요. 내 팔뚝에는 이 도시를 해방시킬 만한 충분한 힘이 있어요."

죽음 앞에서 태연하던 그 위인에게 충분히 어울릴 법한 어린 시절의 일화다. 지금에 와서 사람들은 그의 이름도 국적도 아닌, 그의 행적을 먼저 언급한다. 그리고 사람들은 그가 로마인이었으며 로마가 자유시민들의 도시였던 그 시절에 태어났다는 사실을 기억할 것이다.

내가 왜 이런 이야기를 하는가? 물론 나라나 출생지가 아무 상관 없다고 말하는 것이 아니다. 하지만 세상 어디서나 노예 상태는 씁쓸하고 자유 상태는 유쾌한 일이 아닌가. 나는 출생과 동시에 멍에를 지고 태어나 노예 신분으로 살아야 하는 사람들을 동정해야 한다고 생각한다. 그들이 나면서부터 자유를 알지 못하고 노예 상태인 사실을 인식하지 못한다면, 우리는 그들의 이러한 처지를 변명해줄 수도 용서해줄 수도 있다.

시인 호메로스가 말한 키메리아Kimmeria 사람들*처럼, 우리와 정반대로 해가 뜨는 나라에서는 1년의 절반은 낮이 계속되고 나머지 절반은 밤이 계속되어 잠자는 상태로 빛을 보지 못하고 지낸다. 빛이 없는 기간에 태어난 사람들이 빛의 밝음에 대해 들어보지 못하고 빛을 봤다면 대경실색했을 것이다. 빛을 보지도 듣지도 못한 사람들은 그들이 태어났을 때의 암흑 상태에 길들어 빛에 대한 욕구마저 갖지 못할 것이다.

인간은 가져본 적 없는 것을 갈구하지는 않는다. 아쉬움은 즐거움을 안 뒤에 오고, 지나간 기쁨에 대한 기억이 있는 까닭에 불행을 인식하는 것이다.

* 호메로스의 《오디세이아》에 등장하는, 계속 밤이 이어지는 도시에 사는 사람들.

인간은 본질적으로 자유로운 존재이며, 또한 그 상태로 계속 존재하길 희망한다. 그러나 그 본성이라고 하는 것은 교육이 우리에게 미친 영향을 받아들이면서 매우 자연스럽게 형성되는 것임을 잊어서는 안 된다. 인간이 지니는 모든 것들 — 무엇을 먹고 살며 어떤 습관을 갖고 있는지 등 — 의 문제는 자연스럽게 타고난 것처럼 보이지만 단지 타고난 본성이 그러할 뿐, 이후 사람이 갖추게 되는 성품은 교육과 양육 방식에 의해 길들여지는 것이다.

우리는 여기서 자발적 복종의 일차적 근거가 습관이란 사실을 발견한다. 그것은 마치 말이 길드는 과정과 같다. 말에 재갈을 채우면 처음에는 재갈을 물어뜯다가 나중에는 익숙해져 재갈을 갖고 장난질한다. 말에 안장을 얹으면 처음에는 격렬하게 반항하지만 시간이 흐르면 자신을 짓누르는 무거운 장비와 장신구를 뽐낸다.

맑은 오성,
굴종의 관습을 깨부수다

사람들은 말한다, 우리는 언제나 복종하는 백성이었다고. 조상들도 그렇게 살아왔으며 그 고통을 참고 견디도록 운명이 정해져 있고, 이대로 자손을 낳으며 살아야 한다고. 그들은 심지어 복종 상태가 지속된 시간의 길이를 통해 그들 위에 군림하는 폭군의 지배를 정당화하기도 한다. 하지만 세월은 결코 악을 정당화하지 못한다. 그것은 단지 폐해를 늘려갈 뿐이다.

그러나 언제나 자신들을 짓누르는 멍에의 무게를 느끼고 그 무게를 떨쳐버려야 한다고 각성한 몇몇 인물이 사람들 속에서 반드시 등장하곤 했다. 이들은 예속 상태에 순응하지 않고 산과 바다 건너 연기가 피어오르는 자기 집을 찾아낼 줄 알았던 율리시스처럼, 인간의 타고난 특권을 환기해내고 자유를 누렸던 그 시절의 존재를 회복하려 한다.

반듯한 오성과 맑은 정신을 지닌 이들은 대다수의 사람들처럼 발치 앞만을 바라보는 데 만족하지 않고, 이들은 사안의 전후를 살피는 데 주의를 기울이며, 현재를 판단하고 미래를 통찰하기 위해 과거를 떠올린다. 정돈된 두뇌의 소유자는 탐구와 지식으로 사고의 힘을 더욱 연마한다. 자유가 완전히 사라져 세상에서 더 이상 찾아볼 수 없을 때조차 이들은 자유를 상상하고 정신 속에서 자유를 느끼며 자유의 맛을 음미할 수 있어 아무리 잘 포장해서 들이대도 굴종을 결코 받아들이지 않는다.

오스만 제국의 군주는 책과 학문이 세상의 그 무엇보다도 사람들의 자아를 흔들어 깨우며 독재를 증오하는 오성을 갖게 한다는 사실을 잘 이해했다. 오스만 제국의 군주가 지배하는 영토에 지식인이 거의 없었던 이유는 이 때문이다. 그는 지식인의 존재를 결코 필요로 하지 않았다.

많은 사람들이 함께 품었던 자유에 대한 뜨거운 열정과 열망은 여전히 그들의 가슴속에 살아 있었지만 상호간에 그것을 알아차릴 만큼 강력하지는 않았다. 폭군은 자신의 치하에 있는 사람들의 행동하고 말하는 자유, 심지어는 생각하는 자유마저 박탈한다. 사람들이 각자 자신의 생각 속에만 머물러 있도록 억압한다. 대장간과 불의 신 불카누스Vulcanus가 인간의 가슴에 작은 창문 하나를 달아놓지 않아 사람의 생각을 볼 수 없어서 유감이라고 말한 조롱의 신 모모스Momos의 농담은 그리 심한 말이 아니었다.

브루투스[*]와 카시우스[**]가 로마, 아니 로마 시민을 카이사르Julius Caesar(기원전 100~기원전 44)의 독재에서 해방시키고자 모의할 때 누구보다 열렬한 공익의 숭배자였던 키케로[***]는 그들의 공모에서 제외했다. 키케로의 의지에 대해서는 의심하지 않았으나 그 같은 거사를 함께하기에는 그의 용기가 박약해 보였던 것이다.

역사를 살펴보다 보면 우리는 분명한 사실 하나를 알게 된다. 나라가 잘못 통치되고 정의롭지 못한 자들의 손아귀에 놓여 있을 때 자유는 언제나 결연한 의지로 일어나 진실한 마음에서 나라를 구하고자 나서서 그 마지막

* **브루투스**Marcus Junius Brutus : 기원전 85~기원전 42년. 카이사르의 정부였던 세르빌리아의 아들이자 로마의 정치인. 양부였지만 로마 제국을 철권통치하던 독재자이기도 했던 카이사르의 암살에 로마 제국을 구하겠다는 의기로 가담한다. 오랜 기간 카이사르의 독재를 비판하며 그와 대립했던 카토의 조카기도 했던 그는 카토의 딸과 결혼해 그의 사위가 되기도 했다.

** **카시우스**Gaius Cassius Longinus : ?~기원전 42년. 고대 로마 공화정 말기의 정치인. 브루투스와 함께 카이사르의 암살을 주모했다.

*** **키케로**Marcus Tullius Cicero : 기원전 106~기원전 43년. 고대 로마 시대의 공화주의 사상가, 도덕적 정치가, 플라톤이 꿈꾸었던 철인정치를 실천한 철학자.

목표 지점까지 도달한 이들의 편에 선다는 사실을. 독재 참주제를 무너뜨린 하르모디오스나 아리스토게이톤*, 독재 통치제도의 요인 30명을 추방시킨 트라시불로스**, 브루투스와 발레리우스***, 디온****……. 이들은 마음속에서 한결같이 그려왔던 일을 결국 성공적으로 실행에 옮길 수 있었다. 견고한 의지는 거의 언제나 성공에 이른다.

카이사르를 살해한 브루투스와 카시우스는 굴종 상태를 제거하는 데는 성공했으나 로마에 자유를 찾아주는 과정에서 그만 목숨을 잃고 만다. 그들의 죽음은 결코 비

* **하르모디오스Harmodios, 아리스토게이톤Aristogeiton** : 아테네에서 참주제를 무너뜨린 두 용사다. 기원전 514년 함께 아테네의 참주 히파르코스를 살해한 후 하르모디오스는 그 자리에서 살해되고, 아리스토게이톤은 같은 해에 처형되었다. 두 사람은 참주정치 타도의 영웅으로 추앙받았으며 이후 아고라에 이들의 2인상이 세워졌다.

** **트라시불로스Thrasybulos** : ?~기원전 388년. 고대 그리스의 정치가이자 장군. 펠로폰네소스 전쟁 당시 참주 30인에 의해 추방당했으나 기원전 403년 이들을 무너뜨리고 다시 아테네에 민주정치의 시대를 열었다.

*** **발레리우스Valerius** : ?~기원전 503년. 고대 로마의 정치인. 브루투스Lucius Junius Brutus와 함께 타르퀴니우스 왕을 몰아내고 로마공화국을 창설하는 데 기여한 주요 멤버다. 초기 로마공화국에서 네 번에 걸쳐 집정관을 역임했다.

**** **디온Dion** : 기원전 408?~기원전 354년. 플라톤을 스승이자 가까운 친구로 뒀던 디온은 시라쿠사의 독재자 디오니시우스 2세를 몰아냈다.

참하지 않았다(감히 누가 이런 위인들의 삶에서나 죽음에서 비참함이 있었다고 말할 수 있겠는가). 그러나 이들의 죽음은 로마 공화정에 커다란 손실이고 영원한 재앙이며, 결국 공화국의 몰락을 가져왔다. 그들의 죽음과 함께 공화국으로서의 로마도 매장된 셈이다.

이후 로마 황제를 제거하려는 기도가 있었으나 그것은 정권을 탐내는 자들의 결탁이었을 뿐이다. 이들이 자초한 불행에 동정을 표할 여지는 없다. 그들은 독재자의 왕관을 빼앗아 그것을 씌울 머리만 바꾸려 했다. 독재자는 쫓아냈지만 독재는 계속 유지하고자 한 것이다. 그들은 폭정을 붕괴시키는 것을 구실로 삼았으나 실제로는 폭정을 이어가게 하는 데 기여한 셈이다. 그들의 의도가 성공하지 못한 것은 오히려 다행이다. 자유라는 고귀한 이름을 모반이라는 비열한 의도에 오용해서는 안 된다는 교훈을 그들이 남겨준 사실에 나는 만족한다.

원래의 주제로 다시 돌아가자. 사람들이 자발적으로

복종하는 첫 번째 이유는 노예로 태어나 노예로 성장하기 때문이다. 여기에 또 다른 이유가 추가된다. 독재하에서 사람들은 쉽사리 비겁해지고 나약해진다. 그런 증상을 조심스럽게 후대에 가르쳐준 의학의 대선구자 히포크라테스Hippocrates(기원전 460?~기원전 377?)에게 나는 경건한 감사의 마음을 전한다. 그는 자신의 의학 개론서 속에 이 같은 증세를 설명해놓고 있다.

위대한 의사 히포크라테스는 대단히 용기 있는 사람이었고 매우 적절한 방법으로 그 용기를 드러냈다. 페르시아 대왕이 높은 벼슬과 많은 선물을 내리며 그를 곁에 두려 하자 그는 왕에게 직접 답장을 띄웠다. 비록 그가 대왕일지라도 그리스인들을 죽이는 이방의 군대를 치료하고, 자신의 의술로 그리스를 굴복시키려 하는 자를 섬기는 것은 대단히 중요한 양심의 문제라고 생각한다는 내용이었다. 이 편지는 지금도 그가 쓴 책들과 함께 남아있다. 편지를 읽어보면 그의 훌륭한 정신과 고귀한 품성을 알아볼 수 있다.

그러나 많은 경우 사람들은 자유를 잃으면 용기도 함께 잃고 만다. 종속된 사람들은 투쟁에 대한 열의도, 다부진 결기도 갖지 못한다. 그들은 위험에 처하면 결박된 사람처럼 마지못해 움직인다. 위험을 무릅쓰고 전우들 사이에서 장렬한 죽음으로 명예와 영광을 얻고자 하는 자유인의 가슴속에서 끓어오르는 뜨거운 갈망을 그들은 알지 못한다.

백성을 잠들게 하라

자유인은 패배의 불운이든 승리의 행운이든 결과를 불문하고 공동의 선과 자신을 위해 제 몫을 다하고자 서로 다투어 전장에 끝까지 남는다. 반면 예속된 사람들은 전사의 용기뿐만 아니라 다른 어떤 부분에서도 활력을 띠지 못한다. 그들의 심장은 소심하게 두근거리고 태도는 나약하여 그 어떤 위대한 일과 마주해도 무력할 따름이다. 독재자들은 그 점을 제대로 꿰뚫어 본다. 사람들이 활력을 급히 잃어가는 것을 목격하면 그들이 더 무기력해지도록 비열한 조력자가 된다.

그리스 최고의 역사가로 꼽히는 크세노폰Xenophon은 자신의 책*에서 시모니데스Simonides의 입을 빌려 시라쿠사의 독재자 히에론Hieron과 여느 독재자들이 겪는 불운에 관해 이야기한다. 그 책에는 훌륭하고 신중하며 기품 있는 고언들이 가득 담겨 있다. (이 세상에 살았던 군주들이 그 책을 면전에 두고 거울처럼 사용했더라면 참 좋았을 법했다. 그러나 그들은 자신의 결점을 알아차리고도 부끄러움을 느끼지는 못했으리라.)

크세노폰은 책에서 폭군들이 겪는 고통을 묘사한다. 폭군들은 모든 사람에게 불행을 조장하기 때문에 사람들을 끊임없이 의심하는 강박에 시달린다. 여러 가지 예를 들 수 있겠으나 그는 특히 외국인 병사들을 전쟁 용병으로 고용하는 이야기를 사례로 든다. 폭군들은 자신이 저지른 악행 때문에 국민들의 손에 무기를 맡기면 자신을

* 《히에론*Hieron*》: 기원전 380~기원전 350년 사이에 쓰였다고 추정되는 이 책에서 크세노폰은 그리스의 시인 시모니데스와 시라쿠사의 폭군 히에론 사이의 이야기를 소크라테스 식의 가상 대화를 통해 들려주며 폭군의 불편한 삶과 바람직한 정부가 갖는 이점을 서술한다. 폭군은 흔히 사람들이 상상하는 것과 달리 단 한 사람의 친구도 없이 간악한 범죄자들과 자신의 발밑에 엎드려 순종하는 노예들 사이에서만 살아야 하는 삶이며, 세상 모든 사람들의 증오를 한 몸에 받는 가장 불행한 삶이라고 규정한다.

향해 반란을 일으킬까 두려워할 정도로 그들을 믿지 못했다. (물론 자국민의 생명을 소중히 여겨 금전상의 손실을 치를지언정 자국민을 보호하기 위한 의도에서 용병을 고용한 군주도 있었다. 위대한 스키피오 아프리카누스*는 "1백 명의 적을 섬멸하는 것보다 한 명의 시민을 구하는 편이 훨씬 좋은 일이다"라고 말했다.)

독재자들은 아무런 가치가 없는 사람들을 백성으로 두지 않고는 결코 안심할 수 없을 만큼 자신의 권력에 대한 확신이 없었다. 우리는 이 대목에서 테렌티우스**의 글 속에 등장하는 트라소***가 코끼리 조련사에게 했다는 말을 인용해야 할 듯하다.

"대단히 용감하시군요. 짐승 무리를 다스리시다니."

백성을 바보로 만드는 전제군주의 책략이 리디아 국민

* 스키피오 아프리카누스Scipio Africanus : 기원전 236~기원전 184년. 고대 로마의 장군. '아프리카누스'라는 별칭은 그가 북아프리카에서 세운 공적에 의한 것이다.

** 테렌티우스Publius Terentius Afer : 기원전 185?~기원전 159?년. 고대 로마의 희극 작가.

*** 트라소Thrăso : 테렌티우스의 희극 《환관》에 등장하는 허풍선의 이름.

에 대한 키루스 2세Cyrus II의 경우에서보다 선명하게 드러나는 예는 없을 터다. 키루스 대왕은 리디아 왕국의 수도 사르디스를 정복하고 리디아의 왕 크로이소스Kroisos를 체포해 포로로 만들었다. 크로이소스는 고대의 왕들 중 가장 부자였다. 사르디스 주민들은 이에 저항했다.

키루스는 병력을 투입해 이들을 한 손에 진압할 수도 있었다. 그러나 사르디스가 너무나 아름다운지라 도시를 불태워 파괴하기보다는 다른 방법을 모색했다. 리디아 왕국을 예속 상태에 두고 경비를 위한 주둔군을 배치하는 데 따르는 재정상의 문제도 함께 해결해야 했다.

이때 키루스가 해결책으로 내놓은 묘안은 사르디스에 사창가와 술집, 공중도박장 등을 허가하는 것이었다. 이 방침을 왕령으로 발표하고 국민들도 그 사업에 참여하도록 했다. 모든 국민이 이 정책을 환영했다. 그러자 더 이상 국민들을 다스리는 데 무기가 전혀 필요하지 않게 되었다. 가련하고도 비참한 국민들은 점점 더 많은 놀이에 빠져들어 갔다. 라틴어 사용자들이 만들어낸 말 가운데 놀이 혹은 심심풀이를 뜻하는 라틴어 'LUDE'는 리디아의 지명에서 유래하기도 했다.

어떤 독재자도 자신이 지배하는 백성들을 유약하게 만들 계략을 공개적으로 표명하지는 않았다. 그러나 실제로는 대부분의 전제군주들이 물밑에서 백성들을 어리석고 나약하게 만들기 위한 술수를 모색했고, 다양한 방법들을 실행으로 옮겼다.

문제는 백성들의 본질적 특성에 있다. 대도시에 사는 이들은 대부분 자신을 사랑하는 자는 의심하면서 자신을 속이는 지배자에게는 순진하게 속고 만다. 피리로 새소리를 내는 사냥꾼에 속아 쉽게 잡히는 새와 맛있는 지렁이를 끼운 낚시꾼에게 더 빨리 입질하는 물고기가 사람들 중에는 없다고 생각지 마시라. 대부분의 백성은 단순하고 어리석다. 흔히 말하듯이, 그들 앞에서 조금만 아첨을 하고 부추기면 사람들은 얼른 복종의 미끼에 넘어간다.

연극 구경, 광대, 검투사, 낯선 짐승들, 훈장, 그림, 기타 또 다른 마약 같은 것들이 고대 사람들에게는 복종에의 미끼요 자유를 파는 값이었다. 고대의 독재자들은 백성을 예속 상태에 빠뜨리기 위해 이들을 잠재우는 유혹의 수단과 방법으로 이 독재의 도구들을 사용했다. 그렇게 길든 사람들은 바보가 되어 마약 같은 놀이와 구경거리에 중독되어버리는 것이다. 눈앞에서 벌어지는 헛된 즐거움에 속아 색칠한 책 속의 번쩍이는 그림을 보기 위해 글 읽기를 배우는 어린이들처럼 어리석게, 게다가 더 나쁜 경향으로 복종하는 데 길들어가는 것이다.

로마의 폭군들은 다른 방법을 찾아냈다. 그들은 자주 민병대*에 성대한 파티를 베풀었다. 복종하는 근성에 젖은 비천한 무리들에게 무엇보다 식탐을 충족해줌으로써

* 군대에 등록되어 있지만 평소에는 군인으로 일하지 않고 필요한 때만 군인의 역할을 했던 로마 시민들로, 상비군은 아니지만 잦은 전투 경험과 정기적인 훈련으로 전투태세를 잘 갖추고 있었다. 이들은 황제에게 복종하는 대가로 국가로부터 일종의 급여를 지급받았다. 이들은 로마군의 일원이라는 사실을 의무라기보다 시민으로서 누리는 하나의 특권으로 간주했다.

부하로 만드는 술책을 부렸던 것이다. 그들 중에 생각이 좀 깊고 영리한 자가 있었다면 그는 아마도 수프 그릇을 내팽개치면서 플라톤이 묘사한 이른바 '공화국'의 자유를 되찾으려 했을 것이다.

폭군들은 지지자를 얻기 위해 또 다른 방법, 이를테면 곡식과 술, 돈을 뿌리기도 했다. 이때 선물을 받은 자들이 외치는 "폐하 만세!" 소리를 듣는 것은 매우 가련한 노릇이었다. 본래 자신의 것이던 물건이 다시 돌아온 것뿐인데도 아둔한 사람들은 그것을 왕의 호의라고 착각했다. 폭군이 나눠준 미약한 선물은 사실 독재자가 먼저 그들에게서 탈취해간 것을 일부 돌려주는 것일 뿐인데 어리석은 백성들은 그런 사실을 알아차리지 못했다.

이제 와서 자기들이 빼앗긴 것을 일부 되돌려 받고 연회장에서 목을 축이고 배불리 먹었다고 해서 티베리우스Tiberius나 네로Nero 같은 폭군을 칭송하는 어리석은 백성들. 오늘 그들은 후한 선물을 얻었지만 다음 날에는 본래 모습으로 돌아간 폭군에게 재산을 빼앗기고, 자녀들을 폭군의 음탕질에 바쳐야 하며, 이 위대한 황제들의 잔혹함에 피를 흘려야 했다. 폭군 앞에서 그들은 돌이나 나무 그루터기처럼 말 한마디 던지지 못하고 움찍거리지도 못했다.

민중은 그런 존재다. 그들은 정직하게 얻을 수 없는 선물에 무방비 상태로 열려 있고 타락해 있다. 그리고 부당하게도, 참을 수 없는 고통과 피해에 대해서는 무감각하게 머물러 있다.

비열한 괴물, 이 구역질 나고 더러운 페스트 같은 인간, 폭군 네로의 이름을 듣고 몸서리치지 않는 사람을 보지 못했다. 그럼에도 불구하고 선동가, 살인마, 이 야수 같은 인간에 대해 그의 생이나 마찬가지로 비열한 그의 죽음을 듣고 로마 귀족들은 그가 베푼 연회와 축제를 떠올리며 그의 죽음을 애도하는 지경에 이르렀다고 한다. 이 역사를 기록한 사람은 코르넬리우스 타키투스Publius Cornelius Tacitus. 정확하고 근엄하며 가장 확실한 로마 역사가 중 한 명이다.

율리우스 카이사르가 죽었을 때 로마인들이 행한 바를 안다면 타키투스가 기록한 이야기는 그리 이상할 것이 없다. 법과 자유를 제멋대로 짓밟은 카이사르의 인품에는, 내가 아는 한 인정해줄 만한 구석이 조금도 없다. 사람들이 그토록 많이 언급했던 그의 인도주의는 지금까지 존재한 독재자들 중 가장 야만적인 독재자의 잔인성보다 더 해로운 것이었다. 그의 인도주의의 실체는 로마 시민들을 노예근성으로 길들이는 달콤한 독이었기 때문이다.

카이사르 사후 그가 주선한 대향연을 여전히 입으로 기억하고 머릿속으로 그의 후한 인심을 기리는 로마인들은 그의 영예에 어울리는 화장 장례식을 위해 앞다퉈 광장의 의자들을 쌓아 올렸다. 그리고 그를 위한 기념탑을 세웠다. 기둥머리에 생전 모습대로 서 있는 상태로, 국민의 아버지에게 바치는 것처럼. 그리고 죽은 사람이지만, 법으로 산 자들에게 하는 것보다 더 많은 공덕을 그에게 돌렸다. 그가 죽인 사람들에게 돌려야 하는 공덕이 혹시나 잘못 간 것은 아닌가 하는 의문이 들 지경이다.

모든 로마 황제들은 공동으로 호민관의 타이틀을 지니는 것을 잊어버리지 않았다. 호민관은 국민의 보호와 방어를 위해 국가의 신임 아래 책정된 신성불가침한 직책이기 때문이다. 그들은 이런 방법으로 국민이 더 그들을 신임할 것이라 확신했다. 국민이 호민관이라고 하는 직함을 듣는 것만으로 과연 그 직위에 있는 자가 행하는 일들이 실질적으로 자신들에게 유익한지 아닌지를 의심할 수 없게 만들고자 했다.

오늘날에도 통치자들의 태도는 나아진 것이 없다. 통치자들은 대형 범죄를 저지르기 직전 언제나 공공의 복지와 안녕을 위하는 일이라며 멋진 연설과 과장된 태도로 불행의 수렁으로 빠질 위기에 처한 국민들을 달콤하게 달랜다. 우리는 그들의 이 간교한 술책, 이 상투적인 화법을 잘 알고 있다.

아시리아의 왕들, 그리고 그 뒤를 잇는 메디아의 왕들은 가능한 한 군중들에게 얼굴을 드러내지 않았다. 왕은 일반 사람보다 무엇인가 더한 것을 가지고 있지 않을까

하는 착각을 심어주기 위함이었다. 그들은 눈으로 보아서 판단할 수 없는 것을 상상으로 짐작하기 좋아하는 군중들을 미몽의 상태에 내버려두고자 했다. 그 결과 많은 민족들이 사실을 사실대로 알지 못한 채 오랫동안 아시리아 제국의 지배를 받으면서 이 미스터리한 자발적 복종 상태에 굴종하며 지냈던 것이다. 그들은 자신이 섬기는 왕이 누구인지 몰랐고, 모두들 쓸데없이 겁에 질려 알지도 못하는 그를 두려워하고 신처럼 숭상하기도 했다.

고대 이집트 초기의 왕(파라오)들은 고양이를 안거나 머리 위에 나뭇가지 하나 또는 불꽃을 얹은 장신구 등을 쓰지 않고는 대중 앞에 나서지 않았다. 그 생경한 왕의 모습을 본 신하와 군중들은 왕에 대한 경외와 감탄의 마음을 가졌다. 그들이 어리석고 비굴하게 종속된 자들이 아니었다면 그런 왕의 기이한 모습을 보고 그 한심함을 비웃거나 그 우스꽝스러움을 조롱했을 터다.

과거의 전제군주들이 독재체제를 구축하기 위해서 한 짓들을 열거해보자면 딱하고 한심하기 그지없다. 그들은 백성들을 입맛대로 사로잡아 지배하기 위해 사소한 수단들을 엄청나게 많이 동원했으며 백성들을 잡아놓고자 서투르기 짝이 없는 행동들을 과감하게 행했다. 그러나 한편으로 군주들은 언제나 백성들을 아주 쉽게 기만했다. 그들이 백성들을 조롱하는 한 복종시키는 것은 어렵지 않았다.

고대 민중들이 고지식하게 속아 넘어간 군주들의 속임수에는 또 무엇이 있을까? 에피루스의 왕 피루스Pyrrhus는 기적을 행하여 쓸개 질환을 앓는 환자들을 치료했다고 전한다. 여기에 왕을 둘러싼 신화를 더욱 극적으로 만드는 이야기가 더해졌으니, 왕이 죽어 시신을 화장했는데 그의 엄지발가락 하나가 전혀 타지 않고 마치 살아 있는 사람의 발가락처럼 생생하게 남아 있었다는 것이다. 어리석은 백성들은 스스로 거짓말을 지어내고 나중에는 자신들이 지어낸 거짓말을 믿는다. 많은 사람들이 거짓말을 글로 썼고, 그럴듯하게 보이도록 도시의 소문과 사람들의 헛소리를 모아 글로 옮겼다.

베스파시아누스Titus Flavius Vespasianus(9~79)는 왕위에 오르기 위해 아시리아에서 로마로 귀국하는 도중 알렉산드리아를 경유할 때 기적을 보여준다. 절름발이의 다리를 곧게 펴고 장님의 눈이 보이도록 하는 등 믿기지 않는 많은 기적을 이뤄냈다. 이 장엄한 기적들은 분명 속임수였을 텐데 그것을 알아보지 못했다면 베스파시아누스가 눈 뜨게 한 장님보다 그것을 목격한 사람들이 더 장님이지 않은가.

독재자들마저 사람들이 자신들에게 고통을 주는 한 개인에게 복수하지 않고 그를 견뎌낼 뿐 아니라 심지어 그에게 복종한다는 사실에 놀라곤 했다. 그래서 그들은 경호원보다 종교를 내세워 신변을 보호하고자 전전긍긍했다. 그들의 죄 많은 생을 영위하고자 가능하다면 신성神聖의 흉내를 내고 싶어 했다. 지옥 탐방의 안내자이자 예언의 여신인 시빌레Sibylla에 따르면, 살모네우스*는 제우스

* **살모네우스Salmoneus** : 그리스 신화에 등장하는 왕으로, 제우스를 흉내 내다 제우스의 번개에 맞아 죽는다.

신을 모방하여 마차로 천둥소리를 만들고 횃불을 번개라고 속여 사람들이 자신을 신이라고 믿게 하려다 지옥 중에서도 가장 뜨거운 곳으로 떨어져 벌을 받게 된다. 시인 베르길리우스Vergilius(기원전 70~기원전 19)는 이 광경을 다음과 같이 노래한다.

> 하늘의 천둥소리, 주피터 신의 번갯불 흉내 낸 죄로
> 무서운 형벌에 고통받는 자
> 네 마리 준마가 이끄는 마차에 높이 타고
> 한 손에 밝은 횃불 치켜들고
> 요란스럽게 그리스 백성들 사이로 시장 한가운데로 나아간다.
> 높은 엘리드Elide 성벽, 도시에서 허세 부리며 신들의 권능을 지녔노라
> 무엄한 주장을 한다.
> 거센 강물 건너가는 다리 청동 난간을 말굽으로 두드려,

흉내 낼 수 없는 천둥번개와 뇌성벼락을 흉내 내어
전능한 신을 모방하니
곧바로 위대하고 무자비한 신 주피터는
진정한 번개를 내리꽂는다.
불꽃의 회오리가
마차와 말을 뒤엎는다.
그의 환희는 짧았고
고통은 영원하리.
신의 일격을 받은 왕, 불꽃에 휩싸여 거꾸로 나동그라진다.

어리석은 짓을 한 대가로 살모네우스가 지옥으로 떨어지는 대가를 치렀다면, 종교를 남용하는 악행을 저지른 자들은 그보다 더 큰 고통의 형벌을 받아야 마땅할 것이다.

우리 프랑스의 왕들도 무엇인지 알 수 없는 씨앗들을 심었다. 두꺼비, 백합, 성유병聖油甁, 국왕 깃발……. 그것이 무엇이든 나는 이러한 것들이 단지 허튼수작이라고만 생각하지는 않는다. 우리 조상들은 이러한 표상의 힘을 믿었고, 오늘날 우리에게는 그것들을 의심할 그 어떤 계기도 없기 때문이다.

어쨌건 프랑스에는 평화 시에는 자애로웠고 전시에는 용감무쌍했던 몇몇 왕들이 있었으니. 자연은 왕으로 태어난 그들을 범인과는 다르게 만든 듯하다. 그들이 태어나기 전부터 전능한 신이 국가를 다스리고 왕국을 보호하는 임무를 맡기기 위해 그들을 선택한 듯하다.

설령 이러한 가정이 사실이 아니라 할지라도 우리 역사의 진실을 규명하기 위해 논쟁을 하고 싶지는 않다. 너무 세세하게 진실을 파헤쳐 프랑스의 시들이 무기처럼 사용할 수 있는 이 멋진 주제(프랑스 왕들의 무용담)를 망치고 싶은 생각도 없다. 오늘날 프랑스의 시는 롱사르Pierre de Ronsard(1524~1585), 바이프Jean-Antoine de Baïf(1532~1589), 뒤 벨레Joachim Du Bellay(1522~1560) 같은 시인들 덕택에 멋진 장식을 얻었을 뿐 아니라 완전히 새 옷을 입고 있지 않은가. 이들은 프랑스어를 눈부시게 발전시켰다. 그 결과 시의 영광이 그리스어나 라틴어에만 있는 것이라고 말할 수 없게 되었다. 틀림없이 내가 프랑스의 시(운문)에 큰 잘못을 범하고 있는 것이리라. 〔나는 기꺼이 내가 좋아하는 이 단어(시)를 사용한다. 나는 이 단어가 마음에 든다. 종종 지나치게 기계적인 용어로 사용되기도 하지만, 아직도 여전히 많은 사람들이 시가 갖는 그 본래의 품격을 찾아낼 줄 알고, 시에게 그들의 첫 번째 경의를 바칠 줄 안다.〕

시인 롱사르가 그토록 유쾌하게 자신의 재치를 펼쳐낼 수 있었었던, 클로비스Clovis 왕에 관한 아름다운 전설을 내가 빼앗는다면 그것은 필시 나의 큰 실수가 될 것이다. 나는 그의 시 〈라 프랑시아드La Franciade〉에서 시인의 역량을 보고 섬세한 정신을 만나며, 그를 통해 인간이 가진 재능을 발견했다.

롱사르는 프랑스 왕가의 붉은 깃발을 나부끼며 자신의 임무를 다할 것이다. 로마인들이 그들의 조상이 남긴 전설과 '하늘에서 지상으로 떨어진 방패들'을 가지고 해왔던 것처럼. 아테네인들이 에리크토니오스Erichthonios의 바구니에서 이끌어냈던 것을 롱사르는 대관식의 성유병에서 찾아낼 것이다.* 아테네인들이 여전히 미네르바의 신전 안에 있기라도 한 것처럼 말하는 그들의 올리브 나무를 노래했듯이 롱사르도 우리 왕가의 문장紋章들에 대해 노래할 것이다.

아무튼 내 나라 문학의 거짓됨을 증언하고 내 나라 시인의 땅을 뒤쫓아 밟고 다닌다면, 그것은 분명 경솔한 행동이다.**

* '하늘에서 지상으로 떨어진 방패들'은 고대 로마의 시인 베르길리우스가 쓴 서사시 〈아이네이스〉에 나오는 표현이다. 에리크토니오스는 헤파이스토스의 괴물 같은 아들로, 반은 인간이고 반은 뱀이었다. 그가 태어났을 때 아테나 여신은 그를 밀폐된 바구니에 넣고 케크롭스의 세 딸에게 맡기며 절대로 열지 말도록 명령했다. 그러나 호기심이 발동한 딸들은 바구니를 열어봤고, 아테나 여신은 자신의 말을 어긴 그들을 벌한다. 케크롭스의 딸들은 미쳐버렸고 결국 아크로폴리스에서 뛰어내려 죽었다. 에리크토니오스는 커서 아테네의 왕이 된다. 대관식의 성유병은 프랑스 왕실의 상징물 중 하나다.

** 이 대목에는, 프랑스의 왕들 역시 고대의 왕들과 마찬가지로 우스꽝스러운 장식들을 이용해 자신들의 영광을 드높이고자 했음을 말하고 싶지만, 바로 그렇게 해서 만들어진 전설들이 프랑스 문학을 그나마 꽃피우는 데 기여하는 바, 자세히 언급하지는 않겠노라며 애써 비판의 자세를 자제하겠다는 저자의 뜻이 담겨 있다. 따라서 전체의 문장이 일종의 풍자로 일관되어 있음을 유의해야 한다.

지배의 공식

롱가. 나도 모르게 본론에서 너무 멀리 벗어났다. 다시 이전의 주제로 돌아오자면, 폭군들은 자신들의 입지를 공고히 하기 위해 도대체 어떤 방식으로 백성들을 복종과 굴종에 길들일 뿐 아니라 그를 위해 헌신하는 지경에까지 이끌어낼까?

지금까지 나는 무엇이 사람들을 자발적으로 복종하도록 하는지에 대해서 말했고 치졸한 영혼을 가진 자들, 무지한 자들만이 독재자에게 복종한다는 사실을 이야기했다. 이제 내가 말하고자 하는 것은 전제군주의 지배 원동

력이자 그 비밀이다. 즉, 독재 권력을 지탱하고 구축해내는 기반이 무엇인지, 그 비결에 관해서 말할 때가 온 것이다.

도끼나 창, 경비병, 헌병대가 독재자를 지킨다고 생각한다면 아주 큰 오산이다. 독재자들이 이 세 가지를 사용하는 것은 신뢰해서라기보다 일종의 형식과 겁박 효과 때문이다. 활로 무장한 경비병은 옷차림이 남루한 사람들을 왕궁에 접근하지 못하게 막을 뿐이다. 그리고 대체로 이들은 어떤 무기도 지니지 않았다. 반면 경비병들은 완전무장을 하고 궁 안에서 거사를 치를 수 있는 사람들을 막지는 못한다. 충분히 짐작할 수 있듯이, 로마 황제들 중 경비병의 도움으로 위기를 모면한 황제의 수는 경비병의 화살에 맞아 죽은 황제의 수보다 적다.

독재자를 보호하는 것은 기마대도 보병대도 아니며 무기도 아니다. 처음에는 이 사실이 언뜻 믿기지 않겠지만 이는 부인할 수 없는 현실이다. 언제나 대여섯 명이 독재자의 권력을 떠받들고 그것을 유지한 바로 이 대여섯 명의 신하가 온 국민을 노예처럼 부리는 것이다. 이들은 언제나 왕의 귀 노릇을 한다. 그들은 스스로 왕에게 접근했거나 왕의 부름을 받고 왕의 잔악한 짓을 공모하기 위해 모인 자들이다. 이들은 왕의 쾌락을 위한 동반자고 왕의 애욕을 채우기 위한 뚜쟁이며 왕의 재산을 축적하기 위해 국민들의 살림을 약탈하는 일도 마다하지 않는 공범이다. 이들은 군주 본연의 악함을 넘어서 측근들 자신의 악함까지 모두 삼키게 하려고 군주를 제대로 길들인다.

이 여섯 명은 수하에 조력자 6백 명을 거느리고 있다. 그리고 이 6백 명은 여섯 명이 왕에게 하는 그대로 여섯 명에게 반복한다. 6백 명은 그들 수하에 다시 6천 명의 부하를 거느린다. 6백 명은 부하 6천 명이 지방 총독이나 관리가 될 수 있도록 훈련시킨다. 자신들의 엄청난 물욕과 잔인한 행각으로 나라 전체를 장악하기 위해서다. 이들은 너무도 많은 죄를 저지르는 까닭에 상관의 그늘에서나 보신할 수 있으며 상관의 덕으로 법의 심판과 징벌로부터 놓여날 수도 있다. 그다음 단계에서 쳐진 그물망의 규모는 엄청나다.

누군가 그 그물망을 풀어내고자 하면 올가미에 걸려 독재자에게 예속되어 있는 사람이 6백 명이 아니라 10만 명, 아니 수백만 명이며 그들 모두 독재자의 도움을 받는다는 사실을 파악하게 될 것이다. 제우스가 허풍 치는 것처럼 굴레의 줄을 잡아당기면 올림포스 산의 모든 신들이 제우스에게로 끌려온다는 호메로스 작품 속의 이야기와 같다.

바로 이러한 연유에서 카이사르가 통치하던 기간에 원로원의 인원이 팽창했고 새로운 국가기구가 설립되었으며 관료의 위상이 재정립되었다. 이는 물론 사법개혁을 위함이 아니었다. 독재자를 위한 새로운 지지 기반을 구축하기 위함이었다. 요컨대 큰 특혜가 작은 특혜의 먹이사슬로 이어지고, 독재자와 결탁해 얻은 이익이 또 새끼 이익을 가져와 자유인의 신분을 기꺼이 선호하는 사람 수만큼이나 독재 권력의 배를 불려주는 사람 수도 늘어나게 된다.

의사가 우리 몸의 어딘가가 곪았다고 진단하면 곧이어 다른 부위로 증상이 옮겨가게 된다. 마찬가지로 왕이 독재자라는 사실이 알려지면 왕국의 모든 쓰레기 같은 자들과 천한 인간들이 독재자의 주변으로 모여든다. 공화국에 살았다면 좋은 일도 나쁜 일도 거의 하지 못하고 변변찮게 어슬렁거렸을 좀도둑들이 들끓는 야망과 재물에 대한 욕심을 주체하지 못해 고작 전리품 배분에 끼어들고자 독재자의 주변으로 모여들어 그를 받든다.

즉, 이자들은 큰 독재자 수하의 새끼 독재자들이 되는 것이다. 대도나 악명 높은 해적이 하는 짓처럼 누구는 나라를 얻고 다른 누구는 여행자를 납치한다. 한 패가 매복해 기다리면 또 다른 패는 덮치고 가진 것을 홀딱 다 빼앗는다. 이 악당들 사이에서도 계급이 생겨 누구는 졸개가 되고 또 누구는 두목이 된다.

이들은 모두 종국에 가서는 장물의 핵심을 차지하거나 적어도 떡고물이라도 차지하기 위해 애쓰는 자들이다. 이를테면 고대 실리시아Cilicia 해적들은 그 수가 엄청나 그들에 대적하기 위해 대장군 폼페이우스를 파견해야 했을 정도였다. 뿐만 아니라 그들은 항구 시설을 갖춘 큰 도시들과 동맹을 맺어 안전한 정박 기지도 갖추고 있었다. 이 해적들이 독재자 무리의 장물아비 노릇을 했다. 이들은 독재자가 갈취한 재물들을 보관해주고 사례를 받아 챙겼다.

이처럼 독재자는 한 무리의 백성들을 다른 무리들을 위한 도구로 사용했다. 또한 신하들을 이쪽과 저쪽으로 나눠 서로 다른 쪽을 감시하게 하는 방법으로 복종을 받아내고 자신의 경비는 아무 쓸모 없는 패거리들에게 맡겼다. 흔히 말하듯, 나무를 쪼개기 위해서는 나무 쐐기를 먼저 박는 법.

궁사, 경호원, 창기병들도 이따금 군주 때문에 고통스럽지만 신과 인간으로부터 버림받거나 잊힌 사람들은 자신들에게 떨어진 악운을 썩 잘 견딘다. 그들이 이 상황을 견딜 수 있는 것은 자신들이 받은 모멸을 누군가에게 돌려줄 수 있기 때문인데, 불행하게도 그들은 자신들에게 불행을 초래한 군주를 향해서가 아니라 자신들처럼 불행을 참고 견디며 어떠한 저항도 할 수 없는 약한 존재들에게 악습을 그대로 반복한다.

군주와 신하들,
그 인간 이하의 삶

나는 독재자의 폭정을 거들거나 백성들에게 복종을 강요하느라 기꺼이 헌신하며 독재자의 옆을 떠나지 않고 얼쩡거리는 사람들을 볼 때면 종종 그들의 사악함에 치가 떨리거나 혹은 그들의 어리석음에 안쓰러운 마음이 일기도 한다. 정말이지 독재자에게 접근한다는 것이 무슨 뜻인가. 말 그대로 스스로 자유로부터 멀어지는 행위가 아니던가. 다시 말하자면 제 양손으로 기꺼이 노예의 자리를 끌어안는 행위가 아니고 무엇이겠는가.

그들이 잠시 야심을 내려놓고 탐욕을 조금 덜어내고

나서 자기 자신의 모습을 바라볼 수 있다면 마을의 촌부들, 농사꾼들, 한없이 짓밟히며 마치 수인이나 노예처럼 가혹한 학대를 당하는 이들도 그들에 비하면 훨씬 더 행복하며, 그들보다 더 많은 자유를 누린다는 것을 자각하게 될 것이다. 그들은 자신의 영혼을 헌상한 대가로 의식주에는 궁핍함이 없지만 자유가 전혀 없는 삶을 살고 있으며, 이런 현실은 농사꾼과 수공업자의 눈에도 보인다는 사실을 깨닫게 될 것이다. 예컨대 시골의 노동자와 수공업자들도 노예처럼 가혹하게 일을 한다. 그렇지만 그들은 주어진 일을 끝마친 뒤에는 최소한 자신들의 노동에서 잠시나마 벗어날 수 있다.

독재군주는 자신의 눈에 들고자 애쓰며 호감을 구걸하는 아첨꾼들을 항상 본다. 이런 자들은 독재군주가 말하는 대로만 해서는 안 된다. 그가 원하는 것을 알아채야 한다. 군주를 만족시키기 위해서는 그의 생각을 미리 알아서 준비하고 있어야 한다. 그에게 복종하는 것이 다가 아니다. 그의 환심을 사야 한다. 자신의 일을 포기하고 스스로를 학대해가며, 심지어는 목숨까지 내놓고 군주의 일을 위해 자신을 던져야 한다. 군주의 즐거움에서 자신의 즐거움을 찾아야 하며 군주의 취향을 자신의 것으로 삼고 본래의 취향 따위는 버려야 한다. 체력을 아끼지 말아야 하고 본성은 완전히 내던져야 한다. 군주의 말과 목소리, 그의 눈짓과 사소한 표정의 변화에 유의해야 한다. 군주의 뜻을 살피고 그의 생각을 알아내는 데 첨병 역할을 하지 못하는 눈과 손, 발은 군주에게 쓸모가 없는 것이다.

그렇게 사는 인생이 행복할까? 그렇게 사는 것을 과연 인간의 삶이라고 부를 수조차 있을까? 그런 삶보다 더 견디기 힘든 것이 또 있을까? 나는 대단한 용기를 가진 인간에게 묻는 것도, 훌륭한 가문에서 태어난 사람에게 묻는 것도 아니다. 나는 단지 상식을 가진, 인간의 얼굴을 한 존재에게 묻고 있다. 자기에게 속한 것은 아무것도 없는 존재. 타인에게 자신의 평안과 자유, 몸 그리고 삶까지 온전히 맡기고 있는 이러한 삶보다 더 비참한 삶의 조건이 가능할까?

그들이 복종하는 까닭은 재화를 얻기 위해서다. 그것들이 본래는 자신의 소유였다는 사실을 제 입으로 말할 수 없기에 이런 행동을 통해서나마 자신의 소유물들을 되찾으려 한다. 마치 폭군 치하에서도 누군가는 자신만의 고유한 것을 소유하는 것이 가능하다는 듯이. 그들은 재화들을 차지하고자 애쓰지만 바로 자신들이 독재자에게 모든 것을 다 빼앗을 수 있는 권력을 줬다는 사실은 기억하지 못한다.

군주의 폭정을 가장 격렬하게 부추길 수 있는 것이 바로 재물이라는 사실을 그들은 알고 있다. 군주의 잔혹한 폭정에 사람들을 복종시킬 수 있는 가장 효과적인 미끼가 바로 재물이라는 사실을 그들은 똑똑히 알고 있다. 따라서 폭군에게 죽음보다 더 큰 범죄는 재물을 소유하는 것이다. 군주는 부를 탐하고 부자들을 처단한다. 도살장에서 백정 앞으로 끌려 나오는 통통하고 건강한 살코기용 가축처럼, 공물을 바치려는 부자들이 군주 앞으로 나서는 것을 본 군주는 샘이 날 지경이다.

그런데 군주의 충신과 애첩들은 독재군주들의 주변으로 몰려들어 한몫 크게 챙긴 신하들이 한때 재산을 많이 축적했다가 나중에는 재산은 물론 생명까지 잃었다는 사실을 제대로 기억하지 못하는 듯하다. 독재자 주변을 얼쩡대며 부를 축적한 인물 가운데 과연 몇 명이나 그 부를 지켜냈는지에 대해서는 그들의 머릿속에 어떤 기억도 남아 있지 않은 모양이다.

지나간 역사를 세세히 살펴보면 얼마나 많은 사람들이 권력의 수하에서 권력자들의 야비함을 이용하거나 그들의 단순함을 간교하게 악용해가며 부를 축적했고, 결국에 가서는 하나같이 그들이 차지한 부는 물론 목숨까지 잃었는지를 볼 수 있다. 그들은 비교적 쉽게 출세 가도에 오르지만 내내 언제 처단될지 모른다는 불안에 시달린다. 독재군주 옆에 몰려들던 수많은 사람들 가운데 군주를 부추겨 자기 반대편의 사람들에게 군주의 폭정이 더욱 강하게 작용하도록 부채질하는 무리에 끼지 않고 악행을 외면한 사람은 매우 적거나 아예 없을 것이다. 반면 군주에 의해 처형당한 죄인의 유산으로 부를 축적한 자들이 자신의 차례가 되어 처형당하면서 남긴 유산으로 군주의 재산을 늘려주는 일은 흔히 볼 수 있다.

폭군의 주변에도 반듯한 인품을 가진 사람들이 간혹 있다. 타고난 재능과 태도가 뛰어나서든 덕망과 청렴이 빛나서든 자신의 자질과 덕행으로 폭군의 사랑을 받는 이들은 세상의 가장 악한 자들조차도 그들의 곁에 있으면 숭배를 아끼지 않을 정도다. 그러나 인품이 바른 자들은 폭군의 옆에 오래 머물 수가 없다. 그들은 전체의 불행을 온몸으로 느끼기 때문에 스스로 희생을 치르며 폭정을 겪는다.

대표적인 예가 바로 세네카Lucius Annaeus Seneca, 부루스Sextus Afranius Burrus, 트라세아P. Clodius Thrasea Paetus 같은 이들이다. 세 사람은 바른 품성을 가지고 있었다. 불행하게도 네로는 이들 중 두 명을 국정을 다스리는 일에 끌어들였다. 네로는 이들을 높이 평가하고 귀하게 대접했다. 더구나 이들 중 한 명(세네카)은 유년 시절 네로의 가정교사이기도 했다. 당시의 교육 시간은 둘 사이에 우정의 증표로 남아 있다. 세 위인이 맞은 비극적 최후는 그들이 살아온 시대에 대한 충실한 증언이다. 악한 군주에게 베푸는 호의가 얼마나 부질없는 것인지를.

자신을 향해 오직 복종을 바칠 뿐인 자신의 왕국을 증오할 만큼 거친 마음을 가진 사람에게 어떻게 우정 따위를 기대하겠는가? 사랑하는 방법을 스스로 깨닫지 못하는 사람은 자신의 제국을 스스로 무너뜨린다.

곧은 성품을 가진 위의 세 남자는 결국 폭군 옆에서 오래가지 못했다. 폭군 옆에 있기에는 그들이 너무 올곧았기 때문이라고 사람들은 말할 것이다. 그런데 네로 황제의 주변을 살펴보면 그의 은혜를 입고 불의한 방법으로 측근 행세를 하던 자들 또한 오래가지 못한 사실을 알 수 있다. 네로의 아내 포파에아Poppaea Sabina(30~65)나 그의 어머니 아그리피나Julia Agrippina Minor(15~59)가 바로 그러한 경우다.

누가 이보다 더 처참하게 짓밟힌 사랑, 이보다 더 고집스러운 애정에 대해 들어본 적이 있을까. 네로가 아내 포파에아에게 했던 것만큼 심하게 집착하며 여자에게 달려들었던 남자를 우리는 일찍이 보지 못했다.* 그러나 포파에아는 결국 네로에게 독살당하는 것으로 삶을 마감한다.

아그리피나는 아들 네로에게 왕국을 넘겨주기 위해 자신의 세 번째 남편이자 로마 황제인 클라우디우스Claudius I(기원전 10~기원후 54)를 살해한다. 네로를 왕위에 올리기 위해 그녀는 무슨 짓이든 서슴지 않았고, 그 어떤 고통도 감수했다. 그러나 그녀가 젖 먹여 키우고 그가 차지한 황제의 지위조차 그녀의 손으로 일궈낸 것임에도 네로는 어머니를 수차례 모욕한 끝에 결국 그녀의 목숨을 앗아간다. 만약 아그리피나를 죽인 사람이 그녀의 아들 네로가 아니

* 네로는 당시 로마 최고의 미인이라 일컬어지던 포파에아와 사랑에 빠졌고 그녀와 결혼했다. 야심만만한 여인 포파에아는 황후가 되고자 하는 야심을 갖고 있었다. 바로 그 야심이 네로와 그의 어머니 아그리피나 사이에 문제를 일으켰고, 그것이 네로가 어머니를 암살하게 되는 결정적인 원인으로 작용했다.

었다면 그 여자는 그런 죽임을 당해도 싸다고 말하지 않을 사람이 없었을 터다.

세상에 클라우디우스 황제보다 더 쉽게 다룰 수 있고 그보다 더 단순하며 그토록 우직한 사람이 또 있을까. 그 누가 클라우디우스 황제가 그의 부인 메살리나Valerius Messalina(22~48)에게 그랬던 것만큼 여자에게 정신을 빼앗기고 심취할 수 있을까. 그러나 그는 결국 사형집행인의 손에 메살리나를 넘긴다. 독재자에게는 항상 단순한 우둔함이 있다. 그러나 그들의 단순함은 좋은 일에 드러나지 못하고 왜 그런지 알 수 없지만 사람을 죽이는 일, 특히 가장 가까운 사람을 죽일 때 흔히 드러나곤 한다. 폭군들은 그중 극소수만이 제정신을 가진 자들이었다.

애절하게 사랑하는 여자, 그녀 없이는 못 살 만큼 소중한 여자, 그런 여자를 어루만지며 폭군 칼리굴라Caligula(12~41)는 이렇게 속삭였다.

"내가 명령하면 이 목도 잘려 나갈 수 있다."

그가 한 이 말은 널리 알려져 있다. 바로 이 대목에서 우리는 과거 대부분의 폭군이 그들의 총애를 받던 자의 칼에 죽었던 이유를 짐작할 수 있다. 그들은 독재자들의 근성을 잘 알았다. 독재자들이 자신들의 권세를 믿지 못하는 것처럼 측근들도 독재자의 마음을 믿을 수 없었던 것이다. 그리하여 도미티아누스 왕Titus Flavius Domitianus(51~96)은 스테파누스*에 의해, 코모두스Lucius Aelius Aurelius Commodus(161~192)는 애첩 중 한 사람에 의해, 마르쿠스 안토니누스**는 심복 마크리누스Marcus Opellius Macrinus(164?~218)에 의해, 그 밖에도 거의 모든 왕들이 측근에 의해 목숨을 잃었다. 이는 필시 폭군들이 진정으로 사랑을 받아본 적이 없고, 그래서 그 사랑을 주지도 못했기 때문이리라.

* 도미티아누스 황제는 스테파누스라 불리는, 조카딸의 하인이자 자신이 아끼던 인물에 의해 암살되었다.

** **마르쿠스 안토니누스** : 188~217년. 본명은 마르쿠스 아우렐리우스 세베루스 안토니누스Marcus Aurelius Severus Antoninus이며, 카라칼라Caracalla라는 이름으로 더 잘 알려져 있다. 동생을 죽이고 로마의 황제가 된 그는 근위장관 마크리누스에 의해 암살당한다.

우정, 그것은 신성하고 거룩한 이름이다. 우정은 바른 인성을 가진 사람들 사이에서만 싹트며 서로를 존중하는 마음을 통해서만 자란다. 우정은 물질적 호의가 아니라 고결한 삶의 태도에 의해 유지된다. 친구 간에 신뢰할 수 있는 것은 서로의 정직함을 알기 때문이다. 우정을 유지하게 하는 것은 반듯한 성품과 믿음 그리고 변치 않는 태도다.

잔혹함, 배반, 불의가 판치는 곳에서 우정은 싹틀 수 없다. 악인들이 모이면 그들 사이에 동료는 없고 음모만 생겨난다. 서로 사랑하는 것이 아니라 서로 의심하고 겁낸다. 그들은 친구가 아니고 공범들이다.

불가능한 일이라고 단정할 수는 없지만 한 폭군에게서 타인에 대한 진실한 애정을 발견하기란 매우 어렵다. 그들은 모든 사람의 위에 있는 까닭에 그들에게는 친구가 없다. 그들은 이미 우정의 범주 밖에 있다. 우정의 불문율은 열매를 균등하게 나누는 것이며, 부조화 속에 비틀거리지 않고 지속적으로 함께 가는 것이기 때문이다.

바로 이런 이유에서 이른바 우리가 도둑이라 부르는 자들 사이에서도 약탈한 재물에 대한 분배에서 일정한 신뢰가 작용하는 것이다. 그들은 공평한 동료 관계이고, 서로를 좋아하건 싫어하건 그들은 서로를 두려워할 줄 알며, 각기 따로 놀아 그들의 힘을 약화시키려는 생각은 하지 않는다.

그러나 독재자의 신하들은 독재자로부터 그 어떤 확실한 배분도 기대할 수 없다. 사실 독재자에게 그가 무엇이든 할 수 있는 존재라는 생각을 불어넣은 사람들은 바로 그 측근의 신하들이다. 독재자에게는 그를 통제하는 어떤 법도 의무도 없다. 오직 자신의 의지대로 행동하는 것을 가장 합리적인 태도로 받아들인다. 그는 동반자도 친구도 없이 홀로 세상의 주인이 되려고 한다.

이렇듯 명확한 사례들을 보고 이토록 뚜렷한 위험을 목격하면서도 아무도 타인이 치르게 되는 희생에 현명하게 대처하지 않으며, 그토록 많은 사람들이 기꺼이 폭군의 곁으로 다가가려 한다는 사실은 매우 안타까운 일이다. 단

한 사람도 따끔한 말 한마디, 대담한 용기와 사려 깊은 조언을 하는 자가 없다는 사실은 정말 슬픈 일이다.

꾀병으로 누워 있는 사자에게 여우가 놀리면서 말했다.

"사자야, 나는 너의 동굴을 찾아갔지만 들어가기를 망설였지. 네가 사는 굴로 들어간 짐승들의 발자국은 많아도 다시 나온 발자국은 하나도 없더라."*

불쌍한 민중들은 독재군주가 가진 금은보화의 휘황찬란함을 보고 또 허풍 떠는 과시용 선전물을 멍하니 바라본다. 광채에 홀려 바짝 가까이 다가가면서 그들을 집어삼키는 불길 속으로 빠져드는 것은 모른다.

옛 신화가 이야기한, 조심성 없는 반인반수의 숲의 신 사티로스Satyros는 프로메테우스가 구한 불을 보고 감탄한 나머지 불꽃에 입을 맞추려다 화상을 입고 만다. 토스카나의 시인은 노래했다. 반짝이는 불꽃을 보며 잠시 즐거

* 이 우화는 먼저 이솝이 〈늙은 사자와 여우〉라는 제목으로 이야기했고, 라퐁텐의 우화에도 같은 제목으로 다시 등장한다.

움을 누리기 위해 그 위에 내려앉는 나비는 그 즉시 불꽃이 자신을 완전히 태워버릴 수도 있다는 사실을 알게 된다고.*

폭군의 총애를 받던 신하들은 그들이 섬기던 자의 품을 벗어나도 결코 그다음에 등극하는 왕의 품을 벗어나려 하지 않는다. 새 왕이 성군이라면, 그들에게는 과거에 못다 이룬 것들을 그와 함께 이룰 수 있다는 점에서 그들의 선택의 타당성을 인정할 수 있다. 그러나 새 왕이 선왕과 같은 폭군이라면 그의 총애를 받는 자들도 거기서 별반 다를 수 없다. 이들은 전 신하들의 지위를 차지하는 데서 만족하지 않고 그들이 차지하던 재산은 물론 목숨까지도 앗아가려고 달려들기 십상이다.

이토록 많은 위험이 도사리고 보장되는 것은 거의 없

* 여기서 말하는 토스카나의 시인은 프란체스코 페트라르카Francesco Petrarca(1304~1374년)로, 그의 시집 《칸초니에레*Canzoniere*》에서 기꺼이 죽음을 택한 나비들을 권력에 너무 가까이 다가가는 사람들에 비유했다.

는 이 지위를 노심초사해가며 지키고자 하는 사람은 대체 누구인가? 이는 진정으로 얼마나 고통스러운 수난인가? 한 살인마로부터 환심을 얻기 위해 밤낮없이 조아려야 하고, 동시에 자기가 섬기는 자를 세상 그 누구보다 의심해야 한다. 어디서 공격이 발생할지, 어디에 함정이 있는지, 경쟁자들의 안색은 어떠한지를 살피고, 어디에 배신자가 있는지를 알아내기 위해 항상 눈과 귀를 동원해서 감시해야 한다. 모두에게 미소 짓고 그러면서도 모든 사람을 두려워해야 한다. 누구의 공공연한 적도 아니지만 믿을 수 있는 친구도 아무도 없다. 마음속으로는 떨고 있으면서도 웃는 얼굴을 해야 하고 즐길 수도, 슬픈 모습을 보여줄 수도 없다.

이 엄청난 고통을 감내한 그들에게 돌아오는 것과 그들의 비참한 생의 고충에 대한 반대급부로 얻는 이득이 무엇인지를 고찰해보는 것은 흥미로운 일이다. 사람들은 그들이 당하는 불운에도 불구하고 독재군주를 고발하지 않고 그의 신하들에게 책임을 돌린다. 자작농과 소작인

조차도 이 신하들의 이름을 기억하며 그들의 악행을 잘 알고 있다. 백성들은 그들에게 갖가지 모욕과 욕설, 저주를 퍼붓는다. 모든 이야기나 기원은 독재자의 신하들에게 품은 원한을 풀기 위한 것이다. 전염병, 기아, 기근 같은 재앙의 원인도 그들 때문이다. 겉으로는 그들의 공적을 이따금 언급하는 척하더라도 마음속으로는 그들을 언제나 저주하며 야수보다 더 무서운 공포의 적으로 취급한다.

바로 이것이 독재자의 하수인들이 백성들에게 행한 짓들에 대한 대가로 얻게 되는 영광과 명예다. 그들을 참시하고 그 몸뚱이 한 조각을 나눠 가진다 해도 민중은 만족할 수 없고 복수심이 줄어들지도 않는다. 그 세대가 사라지고 그다음 세대가 와도 인민의 흡혈귀 간신배들을 지탄하는 규탄문에 그들의 이름은 지체 없이 기록될 것이고, 그들의 평판은 많은 책 속에서 갈기갈기 찢길 것이며, 그들의 백골은 후대에도 무덤 속에서 끌려 나와 조롱당할 것이며, 죽고 난 후에도 악한 삶의 업보로 계속 욕을 보게 될 것이다.

그러니 배우자. 옳게 처신하기 위해 우리는 배워야 한다. 눈을 들어 하늘을 향하자. 우리의 명예를 위해, 우리의 미덕에 대한 사랑과 전능한 신에 대한 사랑을 위해. 그는 우리가 일삼은 행위의 어김없는 증인이요 우리가 저지른 잘못의 공정한 심판관이니. 관대하고 온유한 여호와는 독재와는 정반대에 속하는 분이니. 그분은 독재자들과 그의 공범들을 지옥에서 따로 특별한 형벌에 처하리라고 분명히 믿어 의심치 않는다.

역자 후기

/

"반공주의는 독재정권의 시작을 알리는 징후다."

고대의 기억

\

프랑스의 역사가 오귀스탱 티에리*는 16세기를 '정치의

* **오귀스탱 티에리Augustin Thierry** : 1795~1856년. 산업혁명이 인간 신분의 평준화에 절대적으로 기여할 것임을 선포한 실증주의 철학자이며, 사회과학의 선구자였던 생시몽Saint-Simon(1760~1825)이 자신의 정신적 후계자로 주변인들에게 내세운 젊은 역사학자다. 30대에 《노르망디인들의 영국 정복사*Histoire de la conquête de l'Angleterre par les Normands*》(1825)를 써 당대에 베스트셀러가 된 바 있다. 그의 역사 연구서를 읽고 크게 감명받은 19세기 학자 에르네스트 르낭Ernest Renan(1823~1892)은 티에리를 이렇게 평가한다. "티에리는 말로 전해온 실태가 우리의 관행과 다를지라도 그 실상의 인간적 속성을 일목요연하게 보여주는 비결을 가졌다. (……) 오직 박식하기만 한 역사가들이 완강하게 배척하는 역사 이해를 위한 상상력의 활용은 모방적 정확성보다 더 자주

세기'라 정의했다. 통치자 선출 제도의 다양함을 통해서 깨어난 지식층은 새로운 사고방식, 새로운 국가 형식, 새로운 인간성과 인간 능력의 발전 방향을 주시하고 모색하고 희망했다.

천 년 이상 지속된 유럽의 중세기는 동방 유대 민족의 종교 아래 존재했다. 야훼의 은총으로 통치권을 위임받은 군주는 야훼의 지상 대리인으로서 보호라는 미명하에 백성을 지배하고 구속했다. 본토를 버리고 자발적 망명을 택한 유대인들은 빈 신전에 방기된 야훼를 약삭빠르게 유일신으로 섬김으로써 독재군주의 통치제도가 당위성을 얻는 절대적 알리바이를 제공했다.

2천5백 년 전 섬광처럼 번쩍이던 고대 그리스 민주주의와 유혈 낭자한 권력투쟁의 연속이었을망정 로마 공화정의 짧은 역사는 이제 과거의 먼지 속에 파묻힌 마른 강

역사의 진실을 찾아낸다. (……) 역사 연구는 인간 삶의 가장 깊은 곳에 자리 잡은 문제들을 다루는 작업이다. 온 열정을 다 바쳐서 전신 투구해야 하는 작업이다." 바로 이러한 조건에 해당하는 역사학자 티에리는 16세기를 '정치의 세기'라 정의했다.

줄기의 기억처럼 희미해졌다. 종種의 역사에서 존재의 지속성의 길이를 재어본다면 공룡은 개미에 비해 하루살이에 지나지 않았다.

14~15세기 이탈리아 반도 도시국가들 사이의 경합 속에서 틈새를 벌려 싹이 튼 르네상스 운동. 그 흐름이 적셔주는 중세 말의 토양에서 소생한 고대의 기억은 기적 같은 필연이었다.

미리 말해둔다. 우리가 기억할 수 없는 선사시대에도, 우리가 기억할 수 있는 역사시대에도 갖은 압제에 맞서 억압에 저항하고 반항하는 선지자가 쭉 존재했다. 이 자명한 진실이 우리에게 확신과 희망의 영토를 넓혀준다는 사실을 기억하자.

선택의 여부를 따질 수 없는 유일신을 향한 획일적 신앙에서 인간과 신의 관계는 종속적일 수밖에 없다. 그러나 애초에 신은 단수가 아니고 복수였다.

올림포스 산의 모든 신들과 하계의 인간들이 서로 간에 질시하고 반목하거나 찬양하고 흠모하다가도 상투 잡고 싸우며 성질을 부리던 시절. 아프로디테가 총각 아도니스에 홀딱 반하고, 신들의 두목 제우스가 변장하고 인간 마을로 내려와 암탉을 덮치는 수탉 노릇에 열중하던 신화의 질서. 그 시절에 인간은 인간답게 놀 줄 아는 신을 선택할 수 있었다.

지중해 에게 해안 왕국들이 남긴 신화는 풍요로웠다. 다양하고 기름진 문명의 왕국에서 사색하고 노래하고 조형하는 인간들의 정신과 생존 방식은 거목이 아니라 이끼를 닮아 있었다. 왕국의 대들보는 못 되어도 긴 가뭄이나 긴 겨울 한파에 더 강인하고, 오랜 기다림에 지쳐 쇠약해질지언정 소멸하지는 않는 바위풀과 이끼를 닮은 저항적 생명력의 화신이었다.

호메로스가 노래한 신들과 영웅들이 다시 돌아오고,

소크라테스가 반한 선한 미남 크세노폰과 플라톤이 나란히 피렌체의 깨어 있는 지식인의 책장에 다시 나타난다. 그때가 그랬다. 르네상스의 미풍이 이탈리아에서 번지기 시작하여 점점 힘찬 바람으로 팽창세를 이루니, 유럽이 기지개를 켜고 구태에서 탈피하는 나들이에 나서기 시작했다.

정체된 신의 통치에서 인간의 통치 질서로 방향을 틀게 하는 인문주의자들은 구습의 벽을 허물고 먼지 낀 창문을 연 다음, 에게 해의 청명한 풍광으로 그리스어, 라틴어로 기록된 고전의 책장을 열어 그 내용을 밝게 비췄다. 플라톤의 《공화국》, 아리스토텔레스의 《정치학》, 에라스뮈스의 《기독교 군주론》, 마키아벨리의 《군주론》, 토머스 모어의 《유토피아》가 16세기 정치제도에 쐐기를 박고 있다. 구텐베르크의 인쇄술은 수도원의 금서 감옥에 갇혀 있던 휴머니스트들의 정신을 탈출시켰다. 새로운 질서의 여명에 기성 교단은 독재자 신의 질서를 방어했지만 마침내 루터와 칼뱅이 종교개혁의 사도로서 가톨릭 권세의 철밥통에 돌을 던진다. 이러니 16세기는 정치철학의 세기가 아니고 무엇이겠는가.

종교는 사랑처럼 반목을 조장하고, 보이지 않는 마음의 영토를 뺏기 위해 때리고 찌르고 죽이는 싸움을 마다하지 않는다. 종교와 군주가 민중의 삶을 전제하는 독재자로 군림하는 시대에 반동하는 선지자가 나타나는 것은 자연적 이치이고 절대적 필요선이다.

고등재판관이 쓴 독재자 탄핵문

\

《자발적 복종》의 저자인 라 보에시는 근대정신의 한 특징인 정치철학이 태동하는 16세기, 프랑수아 1세François I(1494~1547)가 다스리는 프랑스의 중서부 페리고르Périgord의 소도시 사를라에서 태어났다. 보르도중·고등학교에서 단단히 교육받고, 그 당시 유럽에서 이탈리아 볼로냐대학교 법학도들과 순위를 다투던 프랑스의 오를레앙대학교에서 법학사 자격을 얻는다. 그의 3년 후배인 대문장가 몽테뉴의 증언에 의하면, 그의 이름을 후세에 남긴 《자발적 복종》의 초고를 쓴 것은 대학 입학 즈음이다.

1554년, 국왕 앙리 2세Henri II(1519~1559)는 라 보에시를 보르도의회 고등재판관으로 임명한다. 당시 그는 24세였다. 본래 이 직위는 25세가 넘어야 맡을 수 있었지만 그의 천재적 재능과 학문적 성취에 감복한 오를레앙대학교 담당 교수들이 그를 적극 추천했다. 나이 조건이 규정에 맞지 않았지만 왕은 특명을 내려 라 보에시를 예외적으로 고등재판관으로 임명한다. 그의 재능을 일찍 발견하고 흠모한 몽테뉴가 3년 후에 같은 직책에 임명되면서 두 사람은 우애에 동료애까지 더해진다.

라 보에시는 1554년 결혼을 한 뒤로 재판관이자 왕정의 충실한 신하로, 모범적 상류계급의 엘리트로 인정받는다. 그랬던 그가 왜 독재에 대한 비판문이자 반박문인 《자발적 복종》을 쓰게 되었을까? 그 연유에 관해서는 확실한 배경이 된 사건이 열거되지 않는다. 라 보에시의 생전은 물론이고 그의 사후에조차 그의 재주를 아끼고 그의 덕성에 감복한 지인이나 지기들은 독재 타도를 주장하는 항의문 소책자의 발행을 두려워하고 반대했다.

라 보에시는 33세에 전염병성 복통으로 요절한다. 임종 직전 그는 자신이 쓴 모든 원고와 소장한 서적을 몽테뉴에게 상속한다는 내용의 유언서를 작성했다. 몽테뉴는 라 보에시가 남긴 모든 원고의 발행을 시도하면서도《자발적 복종》만은 제외했다. 왕의 재판 권한을 대리하는 고등재판소 재판관이 쓴 독재자에 대한 탄핵문은 왕정 질서에 엄청난 파문을 일으킬 위험성을 내포하기 때문이었다.

시의 시대

\

16세기는 또한 시의 전성기였다. 프랑스 시인 롱사르가 명명한 플레야드La Pléiade의 칠성파 시인들은 고대 그리스 문화의 정수와 로마의 강직한 덕성을 노래하며 르네상스 운동을 선동했다. 르네상스 정신의 대부라 불리는 페트라르카의 시 세계에 영향을 받은 수많은 시인들이 프랑스어를 라틴어처럼 격을 높이기 위해 프랑스어 정화운동에 열광적으로 참여했다.

그 조류에 라 보에시도 동참했다. 요절하지 않았다면 그는 시인으로 더 잘 알려졌을 것이다. 그는 라틴어와 프랑스어로 시를 지었다. 라 보에시는 시와 정치철학과 종교에 새 기풍이 돌풍처럼 일어나던 16세기 기상도를 소네트 형식의 시로 선명하게 기록했다. 잠시 라 보에시의 소네트 한 편을 소개한다.

바다 한가운데 가장 얕은 바다 쪽을 찾아보면서도
나는 실족할까 겁내어 떨고,
해변에 다가서야 안심한다.
너를 찬양하는 나의 노래가 서툴러

너를 욕되게 하지 않을까 두렵다.
그러나 사람들은 너를 사모하는 나의 노래를 듣고

놀라워하고,

너를 알고 싶어 안절부절 너의 이름을 알고자 애쓴다.

너의 거룩한 이름을 찾아내려 오리무중으로 헤맨다.

눈부셔 그런 게 분명한데도, 알아차리지 못하고

그래서 너를 찾지 못하는 이 딱한 민중들은

한 가지 방법 말고는 다른 방법을 알지 못해 너를 보지 못한다.

한 가지 방법이란 비교해보고서야 골라내는 방법이다.

완전한 것들 중에서 가장 완전한 것을 골라내고서는

소리 낼 줄 아는 자는 용감하게 소리친다 ; 드디어 찾았다!

'너'를 자유나 정의로 대치해보라. 그러면 시인의 의도에 적중할 것이다. 그의 참여 정신은 《자발적 복종》에도 잘 드러난다.

라 보에시는 열정의 인간이었다. 청년기만 살다 간 까닭으로 그의 생은 맑고, 그의 정신은 높으며, 그의 사랑은 더욱 뜨겁다.

라 보에시와 카뮈

\

연말 전에 불쑥 당도한 출판사의 제안과 그 제안을 내게 전해준 목수정 작가의 권유로 라 보에시와 상면하고 지내는 동안 나는 자주 카뮈Albert Camus(1913~1960)를 생각했다. 아니, 카뮈가 내 옆에서 어깨를 가끔 두들겨줬다. 내가 넘기는 책장에 같이 눈길을 주면서.

에스파냐산 오렌지를 까먹으면서, 70여 년 전 에스파냐의 정치가 프랑코에 반대하기 위해 에스파냐산 오렌지를 사지 말자고 제안한 카뮈의 순박함을 떠올렸다. 1958년 초, 을지로 삼거리 모퉁이의 한 책방에서 처음 내 손에 들어온 카뮈의 《이방인》(이휘영 교수 옮김)이 그와의 첫 만남이었다.

적의 불의를 규탄하려면 자기 나라는 정의로운가를 먼저 따져보아야 한다. 가끔 나는 조국이 없다는 허무함에 빠진다.

카뮈의 양심에 나도 가슴이 저려왔다. 그리고 광화문에 있던 법문사 책방에서 구입한 얇은 책, 카뮈의 《혼례*Noces*》 포켓판.

봄이면 띠빠사는 여러 신들의 처소가 된다. 그들은 태양 속에서, 압생트의 내음새와 갑옷 입은 바다에서 날빛 푸른 하늘에서 꽃으로 뒤덮인 폐허에서 돌무더기에서 거품처럼 뿜어 나오는 빛 속에서 이야기한다. 어떤 순간에는 햇빛으로 온 세상이 캄캄해진다.

첫 페이지 시작부터 쏟아져 내리는 지중해, 북아프리카, 알제리 해변의 빛과 바람, 그 향기에 나는 숨이 막혔다. 그리고 예감했다. 나는 그에게 중독되고, 그 증세로

열병에 걸릴 것이며, 쉽사리 치유되지 않으리라는 것을. 1989년 말, 책으로 여행한 티파사Tipasa를 찾아가 온몸으로 접촉했을 때, 티파사는 언제나 젊은 신부이고 나는 늙은, 신랑新郎이 아닌 '구랑舊郎'으로 혼례를 맺고 있었다.

라 보에시의 글을 읽으면서 나는 왜 카뮈를 떠올렸을까? 민주주의의 토양이 아직도 성숙하지 못한 한국에서, 동등한 국민 중 추대되어 5년부 한정된 기간 동안만 권력을 수임받는 대통령직임에도 불구하고 특정인을 선출하기 위해 국가안보를 담당하는 정보기관이 국민을 상대로 공작을 행한 것은 미사일로 위협하는 외부의 적보다 더 가공스러운 파괴력을 갖는다. 이 내부의 적은 그 정체가 밝혀져야 하고, 반드시 격멸되어야 한다. 이를 요구하는 것은 민주주의를 수호하는 시민의 초동적이며 일차적인 의무다.

박정희를 살해한 중앙정보부의 이름만 개정한 이 기관은 종북 세력의 댓글 공작을 방해하기 위한 보안적 공작이었다고 변명했다. 일본과 미국에 대한 굴종에 길든 한

국의 관료와 수구 언론의 습성은 그들과 다른 사고의 사람들을 종북으로 몰아붙이는 구태의연한 버릇을 쉽게 버리지 못하고 개 짖는 소리를 내고 있다.

반공주의는 독재정권의 시작을 알리는 징후다.

1944년 알제리 수도 알제에서 열린 비밀저항신문 〈콤바*Combat*(투쟁)〉의 총회에서 정해진 이 구호는 카뮈가 이 신문에 실은 논설의 서두에서 인용한 구절이다. 그는 계속해서 이렇게 말한다.

이 원칙은 무단히 골라 실은 것이 아니다. 지나간 과거 25년간의 경험이 그와 같이 단호한 구호를 반복하게 한다. 이 구호는 우리가 공산주의자라는 뜻이 아니다. 반나치운동에서 단결력을 얻고자 공산주의자들과 함께 싸운 기독교인들이 물론 공산주의자가 아닌 것과 마찬가지로.

우리의 입장은 기독교인들과 마찬가지로 다음과 같다. 우리는 공산주의 철학에, 그들의 실천적 도덕률에 동의할 수 없다. 그러나 한편으론 반공주의를 내거는 사람들의 의도와 그들이 숨기는 목표가 무엇인지 아는 까닭에 정치적 반공주의에 완강히 반대한다.

질서를 강조할 때 조심해야 한다. 진실이 동행하지 않는 질서(ordre)는 큰 무질서를 초래한다. 사람에 따라 경우에 따라 질서란 애매한 개념으로 변질될 수가 있다. 다양한 질서들—바르소바에서 시행되는 질서, 혼잡을 감추기 위한 질서, 정의를 반대하기 위한 질서, 인정과 양심이 추구하는 격이 다른 질서(즉 사랑이 통치하는 질서), 인간을 부인하는 질서(증오심을 동원하는 피의 질서). 사회질서란 교통질서만으로 만족할 수 있을까?

1944년 8월의 파리 시가전, 총격과 화염 속에 일그러진 얼굴의 파리 시민들. 봉기의 혼란 속에도 질서의 원칙은 있었다. 나치 점령에서 파리 탈환을 위한 질서. 이 혁명이 중단될 경우, 그 의지가 사산될 경우, 맥 빠진 무질서의 긴 세월을 감당해야 했을 것이다.

단합된 정부가 질서의 보장인가? 나치 정권의 단합된 정부가 독일 국민에게 진실한 질서를 보장할 수 있는가? 개인에 관한 질서의 문제로 돌아가보자.

개인의 생애 중 어떤 경우에 그가 질서 있는 삶을 영위한다고 볼 수 있는가. 그러기 위해서는 그가 진실이라고 믿는 것에 그의 처신을 일치시켜 균형 잡힌 생을 화합할 수 있어야 할 것이다.

격정의 무질서 속에서 그가 택한 사상에 일치한 행동을 하느라 죽음을 감수하는 반란자는 스스로 세운 분명한 원칙에 적절한 처신을 하는 고로, 실은 질서의 인간이다.

반면, 일생 동안 매일 세 끼의 식사를 꼬박꼬박 챙겨 먹고, 재산을 안전한 곳에 투자하며, 길이 소란스러우면 집으로 얼른 돌아가는 걱정 없는 팔자의 사람을 질서의 인간이라고 말할 수는 없다. 그는 단지 겁쟁이요, 재산 관리를 잘하는 위인에 불과하다.

프랑스의 질서가 두려움 때문에 신중하고, 재산 모으기에만 정신이 팔려 타인에 대해 무심한 사람들의 질서라면, 그것은 최악의 무질서다. 무관심은 모든 불의를 허락하기 때문이다. 균형과 화합, 즉 평등과 우애가 없는 질서는 질서가 아니다.

사회적 질서란 통치 세력과 피통치 세력(시민) 사이에 균형관계가 성립되어야 존재하는 것이다. 그러한 균형관계의 성립은 보다 고차원의 원칙이 있어야만 이루어진다. 이 원칙이 바로 정의다. 정의 없는 질서는 질서가 아니다. 민중의 이상적 질서는 정부와 시민 사이에 갈등이 없는 사회에서 사는 것이다. 그것이 행복한 사회다.

질서의 필연성을 주장하는 현실의 권력층은 항상 그들 세력의 욕구를 강요하고 만족시키기 위해 질서를 주장한다. 문제의 앞뒤 순서가 뒤바뀐 것이다. 통치하기 위해 질서를 요구하는 것이 아니라 진짜 의미 있는 질서를 수립하기 위해 통치력을 동원해야 한다. 질서가 정의를 강화하는 것이 아니라 정의가 질서에 확신을 갖게 하는 것이다.

– 1944년 10월 12일 자

라 보에시는 독재자의 가장 패악적인 범죄는 민중을 우둔하게 만드는 것이라고 했다. 정의에 무지하고 무감각하게 민중을 길들이면서 선량한 국민으로 교화하는 것이라고 감언이설로 교묘하게 둘러대는 것이다.

침묵은 독이다

\

1948년, 카뮈는 파리 시내의 가톨릭 도미니크수도원으로부터 초청을 받아 수도자들과 가톨릭교도들 앞에서 이렇게 말했다.

나치 점령하의 유럽에서 그들의 악행이 저질러지던 수년간 본인은 로마교황청에서 나치의 범죄를 규탄하는 고함 소리가 울리기를 기다렸습니다. 가톨릭 신자가 아닌 본인의 입장에서도, 신자건 무신론자건 불문하고, 정신의 자세는 악惡 앞에서 저항하는 것이 정상이기 때문입니다.

바티칸에서 울려 퍼지는 저항의 소리를 듣지 못했습니다. 로마의 침묵 속에서 많은 유럽 사람들이 적막함을 느꼈습니다. 신자건 무신론자건 상관없이, 전후 로마교황청이 침묵만 했던 것은 아니라고 이야기해줬습니다. 그러나 교황 회칙의 용어로 교황청 내부에서만 전달된 메시지는 나치 학정에서 고통받고 박해당하고 희생당하던 무수한 시민들에게 전달되지 못했습니다.

유럽 전역에서 모든 사람들이 당하고 있는 재앙 앞에서 기독교인들은 분명하게 큰 소리로 저항의 고함을 외쳐야 합니다. 가장 단순한 한 개인의 입장에서,

복음과 구원을 강조하는 집단의 권위에 의혹을 갖지 않도록 하기 위해서 말하는 것입니다.
스페인의 한 주교가 정치범들의 처형장에서 사형 집행에 신의 축복을 기원하는 기도를 합니다. 그는 더 이상 주교가 아니고, 기독교인도 아니며, 인간조차도 아닙니다. 자신의 손에는 피를 묻히지 않고 이데올로기 싸움에서 승자인 고로, 그는 사형 집행을 명하는 권력자와 마찬가지로 개자식일 뿐입니다.

카뮈는 다른 어떤 작품에서도 기독교인에 대한 직선적 비판을, 정치범 처형장에서 보인 주교의 처신에 대한 공격만큼 거칠게 표현한 적이 없다. 성직자, 교직자, 수도사, 신도들이 모인 장소에서 프랑코의 독재 권력에 아부하고 타협하는 한 주교를 향해 대놓고 '개자식'이라고 규탄하는 카뮈의 급진적인 분노의 표현과 "종교를 빙자한 독재 권력은 가장 가증스러운 독재 형상"이라고 한 라 보에시의 외침. 라 보에시와 카뮈는 그들 사이에 놓인 350

년이라는 시간의 간격에도 불구하고 지식인의 저항정신의 진정한 힘을 증언한다.

파리코뮌의 교훈

\

자유, 평등, 정의. 이 세 가지 개념의 건강한 순환작용이 보장되어야만 민주주의는 성립될 수 있다. 민주주의는 시민 간의 우애 속에 대화와 설득이라는 윤활유가 있어야만 작동하는 메커니즘이다. 카뮈는 25세 때 알제리의 신문 〈알제리 공화국*Alger republicain*〉의 기자로 입사했다. 그가 맡은 업무는 신간을 소개하는 일이었다.

역사서 《코뮌》을 소개하는 기사를 쓸 때였다. 청년 카뮈는 1789년 프랑스대혁명보다 1871년 파리코뮌Commune de Paris, 즉 파리 혁명자치시민정부의 거사 사건이 더 거룩하고 순수하며 실천적인 혁명의 귀감이라고 찬양했다.

파리코뮌은 하루살이 같은 최초의 프롤레타리아 혁명정부의 탄생과 시민 봉기의 패망이 숨 가쁘게 오갔던

1871년 3월 18일부터 5월 28일까지 약 70여 일간의 사건이다. 프러시아 군대에 계속 패하고, 파리마저 함락 일보 직전이었다. 프랑스 정부는 베르사유로 피신한다. 이에 파리 시민들은 혁명자치시민정부를 조직하여 정부군이 방기한 대포를 몽마르트르 언덕과 벨빌 고지에 집결하고 파리 수호를 다짐한다. 그리고 엄청난 내용의 혁명조치를 발표한다.

미지불 집세 지불 기한 연장 | 전당포 전당 물건 경매 금지 | 미지불 집세 기소 포기 | 부채 지불 기한 연장 | 부상자, 미망인, 고아 및 국군 전사자에게 연금 혜택 | 빈집 징발, 고아원 건축, 식용품 원가 판매, 식사 배급 | 구인장 의무, 시민 저항권 인정 | 1848년 표결된 노예제도 폐지 실행, 공화국의 포괄적 선포 | 볼테르 광장에서 단두대, 공개 화형, 사형제도 포기 | 작업이 중단된 아틀리에 소유자에게 배상 후 노동자 협동조합에 양도 | 하루 열 시간으로

노동시간 단축 | 공장 및 작업장 노동자를 위한 간부 배치 | 어린이 야간작업 금지 | 남녀 임금 평준화 | 최저임금제 실시 | 미혼 동거 인정 | 남녀 양측의 동의 없는 결혼 무효 | 공증인 증서 무료 | 종교와 정치 분리 | 교황과 나폴레옹 간의 협약 폐지 | 교회 경비 국가 부담 폐지 | 교회(성직자) 재산의 국유화 | 초등학교 무상교육 | 병원의 정政 · 교教 분리 | 언론 자유 보장 | 사생아 권리 입증 | 감방 감독제도 설립 | 직업학교 설립 | 상호부조주의 | 협동조합 | 연방주의……

라 보에시의 《자발적 복종》 번역 초고를 다 마쳤을 무렵, 한 독문학 교수가 우리말로 옮긴 라 보에시의 책이 내 손에 들어왔다. 박설호 교수. 이름밖에는 아는 게 없는 분이지만 그분께 경건한 인사를 드리고 싶다. 이 책을 번역할 용단을 내린 청년 박설호의 뜨거운 열정과 분노에 경의를 표하고 싶다. 그의 식지 않은 정의와 자유에 대한 열정을 보며, 라 보에시를 동문으로 여긴 내 마음이 실례가 아니었기를 바란다.

심영길

자발적 복종

초판 1쇄 인쇄일 2015년 1월 27일
초판 5쇄 발행일 2017년 12월 8일

지은이 | 에티엔 드 라 보에시
옮긴이 | 심영길, 목수정

발행인 | 박재호
종이 | 세종페이퍼
인쇄 · 제본 | 한영문화사
출력 | ㈜상지피앤아이

발행처 | 생각정원 Thinking Garden
출판신고 | 제 25100-2011-320호(2011년 12월 16일)
주소 | 서울시 마포구 양화로 156(동교동) LG팰리스 1207호
전화 | 02-334-7932 팩스 | 02-334-7933
전자우편 | 3347932@gmail.com

ISBN 979-11-85035-22-2 03300

• 이 도서의 국립중앙도서관 출판시도서목록(CIP)은 서지정보유통지원시스템 홈페이지(http://seoji.nl.go.kr)와 국가자료공동목록시스템(http://www.nl.go.kr/kolisnet)에서 이용하실 수 있습니다.(CIP제어번호: 2014038143)
• 책값은 뒤표지에 있습니다. 잘못된 책은 구입하신 곳에서 바꿔드립니다.

만든 사람들
기획 · 편집 | 박재호, 이둘숙
디자인 | 이석운, 김미연

독자 북펀드(가나다순) | 강문숙 강부원 강승호 강영미 강주한 김기남 김기태 김동후 김새누리 김수영 김영주 김용권 김인겸 김정은 김주현 김중기 김지수 김현승 김혜원 김희곤 나준영 노진석 류진 박경진 박나윤 박무자 박민서 박준일 박진순 송화미 신정훈 신지선 양지연 유지영 이만길 이수한 장경훈 전미혜 정진우 최경호 최영기 최헌영 탁안나 하상우 한성구 한승훈 허민선 홍상준